Peter Häberle · Verfassungsschutz der Familie –
Familienpolitik im Verfassungsstaat

Heidelberger Forum

im Gemeinschaftsverlag
»R. v. Decker & C. F. Müller«

Verfassungsschutz der Familie – Familienpolitik im Verfassungsstaat

von

Professor Dr. Peter Häberle

R. v. Decker & C. F. Müller
Heidelberg 1984

Prof. Dr. jur. *Peter Häberle*, geb. 1934 in Göppingen (Württ.), ist Inhaber eines Lehrstuhls für Öffentliches Recht, Rechtsphilosophie und Kirchenrecht an der Universität Bayreuth, zugleich Dozent für Rechtsphilosophie an der Hochschule St. Gallen (Schweiz) und Mitglied des Lehrkörpers der Hochschule für Politik in München. Nach dem Studium der Rechtswissenschaft in Tübingen, Bonn, Montpellier und Freiburg/ Br.: 1961 Promotion bei Konrad Hesse in Freiburg/Br.; 1961 bis 1968 wissenschaftlicher Assistent in Freiburg/Br. bzw. Gerichtsreferendar in Baden-Württemberg; 1969 Habilitation an der Universität Freiburg/Br.; 1969 Rufe an die Universitäten Mannheim und Marburg, 1973 nach Bochum; 1969 bis 1976 o. Professor für Öffentliches Recht und Kirchenrecht in Marburg/L., dort 1974 bis 1975 Dekan; 1976 Berufung nach Augsburg, 1980 nach St. Gallen. Veröffentlichungen u. a.: Die Wesensgehaltgarantie des Art. 19 Abs. 2 Grundgesetz (1962, 3. Aufl. 1983); Öffentliches Interesse als juristisches Problem (1970); Grundrechte im Leistungsstaat (1972); (Hrsg.:) Verfassungsgerichtsbarkeit (1976); Verfassung als öffentlicher Prozeß (1978); Kommentierte Verfassungsrechtsprechung (1979); Kulturpolitik in der Stadt – ein Verfassungsauftrag (1979); Die Verfassung des Pluralismus (1980); Kulturverfassungsrecht im Bundesstaat (1980); Klassikertexte im Verfassungsleben (1981); (Hrsg.:) Horst Ehmke, Beiträge zur Verfassungstheorie und Verfassungspolitik (1981); Erziehungsziele und Orientierungswerte im Verfassungsstaat (1981); (Hrsg.:) Rezensierte Verfassungsrechtswissenschaft (1982); (Hrsg.:) Kulturstaatlichkeit und Kulturverfassungsrecht (1982); Verfassungslehre als Kulturwissenschaft (1982); Das Grundgesetz der Literaten (1983). Seit 1983 Herausgeber des Jahrbuchs des Öffentlichen Rechts.

CIP-Kurztitelaufnahme der Deutschen Bibliothek

Häberle, Peter:
Verfassungschutz der Familie – Familienpolitik im Verfassungsstaat / von Peter Häberle. – Heidelberg: v. Decker; Heidelberg: Müller, 1984.
(Heidelberger Forum; Bd. 27)
ISBN 3-8114-9184-9
NE: GT

© 1984 R. v. Decker & C. F. Müller Verlagsgesellschaft mbH, Heidelberg
Satz: Ahorn Druckservice, St. Leon-Rot 1
Druck: Gulde-Druck, Tübingen

ISBN 3-8114-9184-9

Vorwort

Die vorliegende Arbeit untersucht ihr Thema im Gesamtrahmen einer als Kulturwissenschaft konzipierten Verfassungslehre (ein erster Entwurf bildet die gleichnamige Schrift des Verfassers von 1982). Bisher liegen als Teilaspekte Versuche zum Problem der Menschenwürde vor (vgl. „Menschenwürde und Verfassung am Beispiel von Art. 2 Abs. 1 Verf. Griechenland 1975" in: Rechtstheorie 11 (1980), S. 389 ff.), zur Frage des Eigentums (vgl. „Vielfalt der Property Rights und der verfassungsrechtliche Eigentumsbegriff", AöR 109 (1984), S. 36 ff.) und der „Arbeit als Verfassungsproblem" (s. den gleichlautenden Aufsatz in JZ 1984, S. 345 ff.).

Allen vier Einzelausführungen ist der kulturwissenschaftliche Ansatz gemeinsam: Auf dem Hintergrund von grundierenden Klassikertexten, im Spektrum einer kontemporären und verfassungsgeschichtlichen Textstufenanalyse der einschlägigen Verfassungsnormen in Geschichte und Gegenwart, aber auch im Kraftfeld verfassungspolitischer Reformvorschläge, parteiprogrammatischer Entwürfe sowie theologienaher Sozialethiken werden Grundfragen des Verfassungsstaates erörtert: Menschenwürde, Eigentum und Arbeit sowie jetzt die Familie.

Gewidmet ist die Studie den deutschen und schweizer Mitgliedern meines Herrsching-Seminars.

Bayreuth – St. Gallen, im August 1984   *Peter Häberle*

Inhaltsverzeichnis

I. Der kulturanthropologische Ansatz: „Familie" als Strukturprinzip des Verfassungsstaates

„Familie" i. S. einer verfassungsstaatlichen Verfassung wie dem GG ist nicht naturrechtlich oder soziologisch, sondern *kulturanthropologisch* zu erschließen[1]. Sie ist heute *eine* mögliche Form Mensch zu sein, Menschenwürde zu leben und Persönlichkeit zu entfalten – insofern besteht ein innerer Bezug zu Art. 1 Abs. 1 und 2 Abs. 1 GG. „Familie" ist für den heranwachsenden Menschen und Bürger seine sozial-kulturelle Regelexistenz: um seines sich in die (und in der) soziale(n) Existenz entwickelnden Personseins willen. Von der „Gemeinschaft" oder „Gesellschaft" her betrachtet ist Familie – „naiv" formuliert – die vielzitierte „Keimzelle"[2] des Staates und der Gesellschaft[3]. Dogmatisch gesprochen wird hier ihre „Doppelnatur" sichtbar: Familie ist etwas Höchstpersönliches, aber sie hat zugleich eine „soziale Funktion"; sie ist ein Stück – erfüllter – persönlicher Freiheit und zugleich ein kulturelles Strukturelement des politischen Gemeinwesens, d. h. der freiheitlichen Demokratie. Im Wort von der Familie als „(Ur)Verband" klingt dies ebenso

---

1 Ein anthropologischer Ansatz wohl bei *J. Gernhuber*, Lehrbuch des Familienrechts, 1980, S. 1: „Wie kaum eine andere Erscheinung ist die Familie bis heute mit menschlicher Existenz verbunden gewesen"; *U. Scheuner*, in: Die verfassungsrechtlichen Grundlagen der Familienrechtsreform, in: *H. Dombois* und *F. K. Schumann*, 1955, S. 52: Ehe als „Gemeinschaft in ihrer durch die lange Entwicklung der europäischen Kultur ausgeprägten Form". S. ferner *Beyerle* (zit. in Anm. 57). S. auch *G. Wurzbacher*, in: *ders.*, (Hrsg.), Die Familie als Sozialisationsfaktor, 2. Aufl. 1977, S. 21: Familie als „jene soziokulturelle Institution, in der in besonders vielfältiger und umfassender Weise individuelle Freiheit und soziale Bindung, soziale Norm und individuelle Spontaneität und Selbstbestimmung miteinander gekoppelt sein können"; *D. Claessens*, in: *F. Oeter* (Hrsg.), Familie und Gesellschaft, 1966, S. 243: Vermittlung von „kulturellen Werten oder Werthaltungen" an den menschlichen Nachwuchs als Funktion der Familie („Enkulturierung"); zur Familie als „grundlegendem Verhaltensmuster" im anthropologischen Sinne auch *E. Assmann*, Formen und rechtliche Komponenten der Familienpolitik, 1974, S. 15; ebd. S. 31 f., 38, 42 zu Kulturaspekten; weitere Zitate unten Anm. 24, 103, 150, 163 a. E. sowie S. 45 a. E.
2 BVerfGE 6, 55 (71); s. auch E 24, 119 (149).
3 Zu weiteren Umschreibungen dieser Art s. Textnachweise unten bei Anm. 65 f.

an wie in ihrer Charakterisierung als „sozialer Lebensgemeinschaft"[4]. Die Familie ist von der Verfassung des politischen Gemeinwesens her gesehen wie dieses selbst geschichtlich und insofern dem kulturellen Wandel unterworfen[5]. Was ihr Verhältnis zum Verfassungsstaat angeht, so ist Familie für diesen „unverfügbar", ihm „vorgegeben": weniger naturrechtlich – dies vielleicht auch – als vielmehr *kulturell-historisch*; sie bildet in dieser Kraft einen *konstitutiven* Teil des Verfassungsganzen. Die jeweilige „Familienverfassung" eines Verfassungsstaates reicht an die Wurzeln seines Selbstverständnisses und ist „inneres" Strukturelement seiner „Organisation".

Gerade in der freiheitlichen Demokratie sollte der Bezug zum *Volk* als kulturelle Größe nicht übersehen werden. So selbstverständlich Art. 6 GG die menschenrechtliche Dimension besitzt[6], so „natürlich" ist die Unverzichtbarkeit von Familie für ein Staatsvolk wie das deutsche, Volk verstanden als verfaßte pluralistische Größe und als kulturelle Struktur. Nicht zuletzt der *Generationen*zusammenhang wird „im Kleinen" durch die Familie und in ihr geschaffen, wie er auch „im Großen", d. h. unter den Deutschen allgemein (vgl. Präambel, Art. 1 Abs. 2, 16, 20, 116, 146 GG) konstituiert wird; in diesen Kontext gehört die heutige Diskussion um eine „bevölkerungsorientierte

---

4 Mit Recht kennzeichnet *W. Geiger*, Kraft und Grenzen der elterlichen Erziehungsverantwortung unter den gegenwärtigen gesellschaftlichen Verhältnissen, in: Essener Gespräche zum Thema Staat und Kirche 14 (1980), S. 9 (11) die Familie als „unersetzbare Grundlage für das spätere Sich-zurecht-finden, für ein soziales Verhalten des Heranwachsenden in den weiteren Lebenskreisen Beruf, Kommune, Gesellschaft und Staat". – Plastisch: Art. 101 Abs. 1 Verf. Württemberg-Hohenzollern (1947, zit. nach *B. Dennewitz* (Hrsg.), Die Verfassungen der modernen Staaten, 2. Bd. 1948): „Auf Ehe und Familie bauen Gemeinde und Staat sich auf. In der Familie werden Gehorsam und Ehrfurcht, Gefühl für Verantwortlichkeit, Gemeinsinn, gegenseitige Liebe und Treue gepflegt". Abs. 2 ebd.: „Der Staat achtet Ehe und Familie als wichtigste Grundlage sittlichen und geordneten Zusammenlebens". – Zur Brücke zu den Erziehungszielen vgl. bei Anm. 20 ff., 106 f.
5 Zu diesem kulturwissenschaftlichen Ansatz allgemein: meine Studie Verfassungslehre als Kulturwissenschaft, 1982.
6 Vgl. BVerfGE 51, 386 (398 ff.). Zur Geltung von Art. 6 Abs. 1 GG auch für *Ausländer*: BVerwGE 48, 299 (303), wobei das Gericht mit Recht differenziert: Der Schutz von Ehe und Familie hat in einer reinen Ausländerehe im Rahmen von Abwägungsvorgängen anläßlich einer etwaigen Ausweisung „geringeres Gewicht" als in den Fällen, in denen ein Elternteil Ausländer, das Kind aber, wie der andere Elternteil, die deutsche Staatsangehörigkeit besitzt (ebd., S. 303). Dem subjektiven Moment wird Rechnung getragen in dem Argument von den in der Regel durch eine Ausweisung hier nicht zerstörten „gemeinsamen Zukunftsvorstellungen und Erwartungen". Zuletzt BVerwGE 56, 246 (250 f.).

2

Familienpolitik"[7]. Die Bayer. Verf. (1946) hat diesen Zusammenhang auf ebenso treffende wie plastisch-naive Weise hergestellt, wenn sie im Anschluß an ihren Familien-Artikel (124) als Art. 125 Abs. 1 S. 1 formuliert: „Gesunde Kinder sind das köstlichste Gut eines Volkes"[8].

Konkreter geht es um eine Einordnung der Familie als kulturelle Lebensform in das Koordinatensystem des Verfassungsstaates und den Kontext seines Verfassungsrechts, am Beispiel des GG – *diesseits* naturrechtlicher Überlegungen und *jenseits* parteipolitischer Kontroversen oder tagespolitischen Streits gerade im weltanschaulich-konfessionell neutralen Staat, d. h. im pluralistischen Gemeinwesen[9]. Die innere Verknüpfung der Familie mit anderen Verfassungsprinzipien wie „Menschenwürde" und „Freiheit",

---

7 Vgl. zuletzt *K. Schwarz*, Brauchen wir eine bevölkerungsorientierte Familienpolitik?, FAZ vom 15. 5. 1984, S. 8. – Dezidiert i. S. einer „verfassungsgerechten Familienförderung" als „Überlebensfrage" für die soziale, wirtschaftliche und „damit letztlich auch verfassungsmäßige Ordnung" („zahlenmäßige Ausbalancierung der Generationsstrukturen"): *W. Zeidler*, Ehe und Familie, HdBVerfR 1983, S. 595 ff. S. noch bei Anm. 160 ff.

8 S. auch *F. Naumanns* „Versuch volksverständlicher Grundrechte", zit. nach *ders.*, Werke, 2. Band, Schriften zur Verfassungspolitik, hrsg. von *T. Schieder*, 1964, S. 573 ff.: Art. 28 (a. E.): „Volkserhaltung ist Staatszweck, Kinderzuwachs ist Nationalkraft". – Treffend auch Art. 24 S. 2 Verf. Rheinland-Pfalz (1947): „Kinder sind das kostbarste Gut der Familie und des Volkes". – Vgl. schon Art. 119 Abs. 1 S. 1 WRV: „Die Ehe steht als Grundlage des Familienlebens und der Erhaltung und der Vermehrung der Nation (!) unter dem besonderen Schutz der Verfassung". – Ohne den Kontext des Marxismus-Leninismus enthielte Art. 5 Ziff. 7 Verf. *Polen* (zit. nach *Brunner/Meissner* (Hrsg.), Verfassungen der kommunistischen Staaten, 1979) Bemerkenswertes: „Die VR Polen schützt in der Sorge um die Entwicklung des Volkes die Familie, die Mutterschaft und die Erziehung der jungen Generation".

9 Den Aufsätzen von *W. Schmitt Glaeser*, Die Eltern als Fremde, DÖV 1978, S. 629 ff. sowie *H. Lecheler*, Der Schutz der Familie, FamRZ 1979, S. 1 ff. kommt das Verdienst zu, von der *Staatsrechtslehre* aus mögliche Fehlentwicklungen durch gesetzgeberische Reformen des Familienrechts vom Verfassungsrecht, insbesondere Art. 6 GG aus „an der Front" und rechtzeitig entgegengetreten zu sein. (Vom Zivil- und Verfassungsrecht her vgl. grundsätzlich *P. Mikat*, Scheidungsrechtsreform in einer pluralistischen Gesellschaft (1970), jetzt in: *ders.*, Religionsrechtliche Schriften, Band II, 1974, S. 1087 ff., s. auch *U. Diederichsen*, Zur Reform des Eltern-Kind-Verhältnisses, FamRZ 1978, S. 461 ff. und jetzt die ausgewogene Position von *D. Giesen*, Ehe und Familie in der Ordnung des Grundgesetzes, JZ 1982, S. 817 ff.). Nachdem der Reformgesetzgeber mittlerweile weniger „schneidende" Reformen durchgeführt hat, kann jetzt dank größerer Distanz gegenüber tagespolitischen Kontroversen das Thema des Art. 6 GG noch einmal grundsätzlicher aufgerollt werden: diesseits des Streits um „Ideologien" („ideologiekritisch" versteht sich das Buch von *D. Huhn*, Der Fall Familie, 1977, mit Nachwort von *T. Rasehorn*, S. 229 ff.).

„Menschenbild" und „freiheitliche Demokratie", Erziehungsziele und Staatsaufgaben, Privatheitsschutz und Öffentlichkeitsprinzip, Sozialstaat und Kulturstaat ist noch zu erarbeiten. Familie erweist sich als ein Strukturprinzip der *„verfaßten Gesellschaft"*[10], aber in bezug auf sie hat der Staat zugleich bestimmte (Gemeinwohl-)Aufgaben und Subsidiärkompetenzen (z. B. in Gestalt des „Wächteramtes" nach Art. 6 Abs. 2 GG). Insofern bildet der „Verfassungsschutz der Familie" ein Beispiel für die funktionellen Verschränkungen von Staat und Gesellschaft[11], greifbar in der Aufgabe des „besonderen Schutzes", auch der Förderung. Familie ist *eine* Erscheinungsform des vergemeinschafteten Menschen, freilich ohne Absolutheits- oder Monopolanspruch: Es gibt heute auch andere mögliche Gemeinschaftsformen, z. B. eheähnliche Verbindungen etc.[12]; sie sind Ausdruck des unaufhörlichen kulturellen Wandels.

Derzeit besteht ein überraschendes *Defizit* an „Verfassungstheorie der Familie"[13]. So viel Detailliteratur und -rechtsprechung (vor allem des BVerfG) zu

---

10 Dazu allgemein: *P. Häberle*, Verfassung als öffentlicher Prozeß, 1978, S. 122 u. ö.
11 Vgl. *K. Hesse*, Grundzüge des Verfassungsrechts der Bundesrepublik Deutschland, 14. Aufl. 1984, S. 8 f.
12 Zur nichtehelichen Lebensgemeinschaft besonders *W. Zeidler*, Ehe und Familie, in: HdBVerfR 1983, S. 574 ff.
13 Bisherige theoretische Einordnungen der Familie sind recht selten und im Ganzen nicht ausreichend. Siehe aber z. B. *H. Ridder*, Die soziale Ordnung des GG, 1975, S. 51: Art. 6 (Ehe und Familie) als „Feld der sozialen Ordnung" des GG oder als „soziales Feld". Andeutungen zur Staat-Gesellschaft-Problematik im Blick auf Art. 6 Abs. 2 GG: *ders.*, ebd. S. 131 f. – *E. Denninger*, Staatsrecht II, 1979, S. 168: „Der Schutz von Ehe und Familie ... bezieht sich auf natürliche, rechtlich abgesicherte Lebensgemeinschaften". – *E.-W. Böckenförde*, in: Essener Gespräche 14 (1980), S. 104 (Diskussion): Familie in Art. 6 GG als „soziale Lebenseinheit und Lebensgemeinschaft". – *Ekkehart Stein*, Staatsrecht, 8. Aufl., 1982, S. 237: Ehe und Familie als „kleine Gemeinschaften", wobei der Gesetzgeber allen Menschen genügend Raum lassen müsse, zur Verwirklichung ihrer „ganz persönlichen Vorstellungen von einer guten Ehe und Familie". – *Erwin Stein*, Elterliches Erziehungsrecht und Religionsfreiheit, in: HdB StaatskirchRecht Bd. 2, 1975, S. 455: „biologische, sittliche und religiöse Ordnung der Familie, an die die Rechtsordnung anknüpft und die sie sinnvoll weiterführt". – Für die *Weimarer* Zeit: *R. Smend*, Verfassung und Verfassungsrecht (1928), jetzt in: Staatsrechtliche Abhandlungen, 2. Aufl. 1968, S. 266: Art. 119 WRV als einer der Artikel, die dem Reich die „Legitimität eines Kultursystems" geben. – *G. Heinsohn/R. Knieper*, Theorie des Familienrechts: Geschlechtsrollenaufhebung, Kindesvernachlässigung, Geburtenrückgang, 1976, haben das Verdienst, eine Theorie der Familie sehr grundsätzlich für die „bürgerliche Gesellschaft" (z. B. S. 9), den „bürgerlichen Staat" (S. 76) zu erforschen, doch rücken sie von einem marxistischen Standpunkt aus einseitig die wirtschaftlichen Aspekte in den Vordergrund; eine spezifisch verfassungsstaatliche, kulturelle Theorie der Familie wird von diesem Ansatz aus nicht möglich.

Art. 6 Abs. 1 GG geleistet wurde und so viele „Reformen" im Bereich von Ehe und Familie auf den Weg gebracht worden sind, es fehlen *Grundsatzüberlegungen*, die die Familie spezifisch als *Verfassungs*problem behandeln. Dabei sind Disziplinen wie die *Allgemeine Staatslehre* ebenso zu befragen[14] wie *„Klassikertexte"* und ein *Vergleich der Texte* verfassungsstaatlicher *Verfassungen* in Sachen Familie ergiebig werden könnten. Die sozialwissenschaftliche Literatur[15] ist „heranzuziehen", sie kann die spezifisch verfassungsrechtliche Arbeit indes nicht ersetzen. Selbst die Programme politischer Parteien liefern Material bei der Problemformulierung des Verfassungsschutzes der Familie[16].

Das BVerfG hat in langjähriger Rechtsprechung Mosaiksteine eines Verfassungsbildes der Familie erarbeitet, die jetzt wissenschaftlich im *theoretischen* Gesamtrahmen des GG zu plazieren sind[17]: so in dem Passus aus E 6, 55 (71), Ehe und Familie stellten die „Keimzelle jeder menschlichen Gemein-

---

14 Vgl. *Herb. Krüger* Allgemeine Staatslehre, 1964, S. 96, 389; *G. Jellinek*, Allgemeine Staatslehre, 3. Aufl. 6. Neudr. 1959, S. 103 ff., 267 f.

15 Vor allem: *R. König*, Materialien zur Soziologie der Familie, 1946; *H. Schelsky*, Wandlungen der deutschen Familie in der Gegenwart, 3. Aufl. 1955; *G. Wurzbacher*, Leitbilder gegenwärtigen deutschen Familienlebens, 3. Aufl. 1958; *G. P. Murdock*, Social Structure, 1949 (1965); *R. Mayntz*, Die moderne Familie, 1955; *G. Wurzbacher* (Hrsg.), Die Familie als Sozialisationsfaktor, 2. Aufl. 1977; *I. Weber-Kellermann*, Die deutsche Familie, 2. Aufl. 1974; *W. Conze* (Hrsg.), Sozialgeschichte der Familie in der Neuzeit Europas, 1976; *E. Kühn/I. Tourneau* (Hrsg.), Familienrechtsreform-Chance einer besseren Wirklichkeit?, 1978. – Aus *theologischer* Sicht vgl. etwa *H. Begemann*, Strukturwandel der Familie, 1960; *L. Turowski*, Familie in Kirche, Gesellschaft und Staat, 1981. – Treffend der Nestor der deutschen Familienrechtswissenschaft *F. W. Bosch*, FamRZ 1980, S. 739 (740): „Familienrecht ist notwendigerweise ... ein Fach, das auf interfakultativen Austausch hin angelegt ist."

16 Dazu unten bei Anm. 116 ff.

17 So einzigartig der *verfassungstheoretische* Ansatz von *H. Ehmke*, Grenzen der Verfassungsänderung, 1953, S. 94 ff. (96 f.), in: *ders.*, Beiträge zur Verfassungstheorie und Verfassungspolitik, 1981, S. 95 ff. ist, *kritisch* bleibt anzumerken: Art. 6 GG bzw. die ihm entspringenden grundrechtlichen Schutzdimensionen sind „verfassungsimmanent". Sie sind wie die anderen klassischen Grundrechte „konstitutiv", „untrennbar Teil der Verfassung"; sie sind der „eigentliche Kern der freiheitlich-demokratischen Ordnung des staatlichen Lebens im GG", so BVerfGE 31, 58 (73), auch im Blick auf Art. 6 Abs. 1 GG! Gerade die über die Persönlichkeitsentwicklung, die Erziehungsziele und das Menschenbild erarbeiteten Zusammenhänge zwischen freiheitlicher Demokratie und Menschenwürde sowie Persönlichkeit lassen erkennen, daß der Verfassungsschutz der Familie „im" Zentrum des GG steht und diesem nicht „transzendent" ist. Dem steht nicht entgegen, daß das BVerfG in E 62, 323 (330) im Blick auf Art. 6 Abs. 1 GG von dem „dieser Norm vorgegebenen Institut der Ehe" spricht.

schaft dar", deren „Bedeutung mit keiner anderen menschlichen Bindung verglichen werden" könne, unter den besonderen Schutz der staatlichen Ordnung. Es spricht vom Bekenntnis zur „Eigenständigkeit und Selbstverantwortlichkeit des Menschen", in E 25, 167 (196) von den in Art. 6 Abs. 1 GG verfassungsrechtlich garantierten Wertvorstellungen, „wonach die Ehe die einzige legitime Form umfassender Lebensgemeinschaft zwischen Mann und Frau ist und die gesunde körperliche und seelische Entwicklung des Kindes grundsätzlich das Geborgensein in der nur in der Ehe verwirklichten vollständigen Familiengemeinschaft mit Vater und Mutter voraussetzt". Mit alldem sind der Sache nach bestimmte Erziehungsziele und Orientierungswerte formuliert[18]. Das BVerfG betont die „lebenswichtige Funktion der Familie für die menschliche Gemeinschaft wie sie der allgemeinen Auffassung entspricht und der Verfassungsgarantie des Art. 6 Abs. 1 zugrundeliegt (vgl. BVerfGE 24, 119 (149 f.); 25, 167 (196)) – so in E 36, 146 (167); es sieht in Art. 6 Abs. 1 GG „nicht nur den immateriell-persönlichen, sondern auch den materiell-wirtschaftlichen Bereich der Familie" geschützt (E 28, 104 (112) unter Hinweis auf E 17, 1 (38), 38 (62)) und spricht in E 53, 224 (245) von den „durch Art. 6 Abs. 1 GG gewährleisteten Strukturprinzipien, die der Verfügungsgewalt des Gesetzgebers entzogen sind": das „vorgegebene Institut der Ehe als die Vereinigung eines Mannes und einer Frau zu einer umfassenden grundsätzlich unauflösbaren Lebensgemeinschaft (vgl. BVerfGE 10, 59 (66))". Die Verfassung lege das „Bild der ‚verweltlichten' bürgerlich-rechtlichen Ehe zugrunde, zu dem es auch gehört, daß die Ehegatten unter den vom Gesetz normierten Voraussetzungen geschieden werden können und damit ihre Eheschließungsfreiheit wieder erlangen"[19].

Nicht zuletzt dank dieser prätorischen Rechtsprechung zu Art. 6 Abs. 1 GG, die diese Norm richterrechtlich zum „Verfassungsprinzip" verfestigt hat, kann die alte Frage, ob Art. 6 Abs. 1 eine „Grundrechtsnorm mit übergesetzlichem und vorstaatlichem Inhalt" ist (vgl. BVerfGE 29, 166 (176)), heute in den Hintergrund rücken. Familie „i. S. der Verfassung" ist eine kulturelle Strukturnorm.

---

18 Allgemein dazu *P. Häberle*, Erziehungsziele und Orientierungswerte im Verfassungsstaat, 1981. – Vgl. den glücklichen Begriff „Orientierungsfamilie" bei *J. Gernhuber*, Lehrbuch des Familienrechts, 1980, S. 3 f.
19 Eine zusammenfassende Kennzeichnung der Rspr. des BVerfG bei *D. Giesen*, Ehe und Familie in der Ordnung des Grundgesetzes, JZ 1982, S. 817 (828): ein Bild von Ehe und Familie, „das im wesentlichen von den Grundsätzen der *Wahlfreiheit* und der *Solidarität* im Innern sowie vom *Subsidiaritätsprinzip* im Verhältnis zu Gesellschaft und Staat bestimmt ist".

Die Familie ist die „natürliche Lernstätte"[20] für Verantwortungsbewußtsein, Solidarität[21], Gemeinsinn, Gemeinschaftsbezogenheit, Partnerschaft, Persönlichkeitsentwicklung, also Kulturwerte. Sie bildet insofern eine Art kulturelle „Erziehungszelle" *im* politischen Gemeinwesen: Die Entwicklungsbedingungen des ehelichen Kindes sind *familiär* begründete, die „gesellschaftliche Stellung" dieses Kindes ist ebenfalls *familiär* begründet, seine „Entfaltung der Persönlichkeit" wird *familiär* vermittelt. All dies ist *ein* Aspekt der „sozialen Funktion" der Familie als Schutzgut der Verfassung. Menschenwürde des Kindes, seine Persönlichkeitsentfaltung, seine Erziehung (z. B. zur Solidarität), seine gesellschaftliche Stellung haben – als vom GG gemeinten Normalfall – eine „Instanz" in der *Familie.* Aufgabe ist es, diese *Verfassungsfunktionen* der Familie zu erarbeiten sowie die anderen Verfassungsprinzipien und -begriffe zu nennen, die ohne Familie im Grundsatz nicht zu denken sind: vor allem das „Menschenbild" mit den Stichworten Eigenverantwortlichkeit etc., ja selbst, wie zu zeigen ist, die freiheitliche Demokratie. Gerade Art. 6 Abs. 5 (!) GG ist zu entnehmen, wie hoch die Verfassung die „leibliche und seelische Entwicklung und Stellung in der Gesellschaft" bewertet, die die ehelichen Kinder der *Familie* verdanken![22]

---

20 Vgl. BVerfGE 47, 46 (70). – Zur besonderen Bedeutung der Familie als „lebenslang selektierendem und interpretierendem Sozialisationsfaktor": *G. Wurzbacher,* in: *ders.* (Hrsg.), Die Familie als Sozialisationsfaktor, 2. Aufl. 1977, S. 14 ff.

21 Zur *„Solidarität"* als einem Grundwert für Ehe und Familie (bei aller Betonung des personalen Eigenwertes aller Familienmitglieder): *D. Giesen,* Gleichberechtigungspostulat und Familienschutz im Erwerbsleben, FS Bosch, 1976, S. 309 (332). Zum „Solidaritätszusammenhang" der Familienmitglieder vgl. aus der Sicht der Soziologie: *H. Schelsky,* Wandlungen, S. 279. – Wenn BGHZ 37, 38 (41) postuliert, durch die Ehe werde für die Ehegatten die „sittliche Pflicht begründet, ihr Verhalten gegeneinander so einzurichten, daß es mit der Liebe, Treue und Achtung, die sie sich gegenseitig schulden, im Einklang steht", so strahlen naturgemäß diese ehelichen Grundwerte auch auf die Sozialisation der *Kinder* aus. Gleiches gilt für Umschreibungen der „geistigen Gemeinschaft der Eheleute" in BGHZ 40, 239 (247) und für die Kennzeichnung der ehelichen Lebensgemeinschaft als „Schicksals- und damit auch Risikogemeinschaft" in BGHZ 84, 361 (368).

22 Vgl. etwa BVerfGE 22, 163 (173), zur „Ersatzfamilie". – Die soziale Funktion der Familie ergibt sich also mittelbar, aber nicht weniger normativ auch aus Art. 6 Abs. 5 GG und der dazugehörigen Judikatur des BVerfG. In E 25, 167 (196) heißt es: „Es (sc. das uneheliche Kind) soll als Wesen mit eigener Menschenwürde und mit eigenem Recht auf Entfaltung seiner Persönlichkeit möglichst die gleichen Chancen für seine Entwicklung und für seine Stellung in der Gesellschaft erhalten wie ein eheliches (vgl. BVerfGE 24, 119 [144, 149]). Daher bilden zwar die Entwicklungsbedingungen des ehelichen Kindes und dessen gesellschaftliche Stellung insgesamt den Richtpunkt oder das Modell für die gemäß Art. 6 Abs. 5 GG zu treffenden Maßnahmen...". – Das „Bild", das die *Verfassung* von der *Familie* hat und die *sozialen Funktionen,* deren Erfül-

Das vielzitierte *„Menschenbild"* i. S. der Rechtsprechung des BVerfG seit E 4, 11 (15 f.): – „Gemeinschaftsbezogenheit und Gemeinschaftsgebundenheit der Person" – hat eine wesentliche Erscheinungsform in der Gestalt der Familie[23]. Sie ist ein kultureller „Urbereich", in dem der Mensch in Gemeinschaft steht, seine Persönlichkeit entfaltet und sowohl „bindet" als auch „gebunden" ist bzw. gebunden wird[24]. Das verfassungsrechtliche Bild von

---

lung sie von dieser erwartet, kommt plastisch in der *Sexualkunde-Entscheidung* BVerfGE 47, 46 zum Ausdruck, z. B. (S. 66): „Die Kenntnis der menschlichen Sexualität kann als Voraussetzung für ein verantwortungsbewußtes Verhalten sich selbst, dem Partner, der Familie und der Gesellschaft gegenüber angesehen werden". S. auch S. 68 ebd.: „Ihr (sc. der Sexualerziehung) Endziel soll – ebenso wie das der Gesamterziehung – der freie, seiner Verantwortung bewußte mündige Mensch sein... Aus diesem Grund soll die Sexualerziehung auch das Verständnis für die menschliche und soziale Partnerschaft, vor allem in Ehe und Familie, entwickeln und das Verantwortungsbewußtsein stärken". Wenn das BVerfG (ebd., S. 73) bei aller Betonung der „Gesamterziehung seitens Staat und Eltern auch die *Unterschiede* betont („Die Erziehung im Elternhaus wiederum ist persönlicher, individueller und unmittelbarer. Das Vorbild der Eltern und die Form des Familienlebens sind hier von großer Bedeutung"), so kommt auch darin ein Stück des Verfassungsbildes der Familie zum Ausdruck. Bei der Betonung der „Bildung der einen Persönlichkeit des Kindes" (ebd. S. 74) ist jedenfalls die Familie als Regelfall immer mitgedacht. S. etwa S. 70: „Erfahrungen im häuslichen Bereich", „soziale Lebensauffassung der einzelnen Familie", Elternhaus als natürliche Lernstätte; s. auch E 34, 165 (182): „Der Staat trifft sich hier (sc. in der Schule) mit anderen Erziehungsträgern in der Aufgabe, das Kind bei der Entwicklung zu einer eigenverantwortlichen Persönlichkeit innerhalb der Gemeinschaft zu unterstützen"; ebd. S. 184: große Bedeutung der „Interessen und Sozialvorstellungen der Familie".

23 Vgl. auch die Art und Weise, wie *W. Müller-Freienfels*, Ehe und Recht, 1962, S. 36 ff. mit dem jeweiligen Menschenbild argumentiert: „Eine solche allgemeine, das jeweilige Bild des Menschen als tragende Gegebenheit in den Mittelpunkt rückende Betrachtung muß ganz besonders in der Familienverfassung bei einer so ‚menschenorientierten‘ Ordnungsform wie der Ehe sich ausprägen".

24 Den großen Beitrag der Familie zum „Aufbau der sozialkulturellen Persönlichkeit" betont von der Soziologie her vor allem *R. König*, Materialien zur Soziologie der Familie, 1946, S. 21, 125, 131; ihm folgt z. B. *G. Wurzbacher*, Leitbilder gegenwärtigen deutschen Familienlebens, 3. Aufl. 1958, S. 241, 248. – Zur „Intensivierung des Familienlebens" nach innen und zur „Ausweitung des Personenbereiches des einzelnen in der Familie" als „hohem Kulturwert" vgl. *H. Schelsky*, Wandlungen, S. 18. *G. Wurzbacher*, in: *ders.* (Hrsg.), Die Familie als Sozialisationsfaktor, 2. Aufl. 1977, S. 22 möchte für die im GG (Art. 6) „einfach postulierte Wertorientierung eben auf die vielfunktionale lebenslange Bedeutung von Ehe und Familie für die Entfaltung der Persönlichkeit" (Art. 2 GG) hinweisen.

„Familie" i. S. von Art. 6 GG kann ohne dieses Menschenbild[25] nicht skizziert werden. Denn schließlich hat es das GG mit dem *einen* Bild des Menschen und Bürgers zu tun[26]. Tieferen Aufschluß verspricht eine Befragung von Klassikertexten und von verfassungsstaatlichen Familienrechtstexten[27].

Inkurs I: Klassikertexte zu Familie und Staat: kulturelle Entsprechungsverhältnisse im Wandel

1. Interpretation von Klassikertexten

Das heutige Defizit an „Verfassungstheorie der Familie" überrascht aus einem besonderen Grund: In der Staatsphilosophie großer Denker hat die Familie seit jeher einen zentralen Platz eingenommen. Ja, man wird sagen dürfen, daß sich das Staatsverständnis im jeweiligen Familienverständnis und umgekehrt spiegelt. Diese Verflochtenheit von Staats- und Familien*verständnis* ist ein Ausdruck des allgemeinen *kulturellen* Zusammenhangs von Staat, Gesellschaft und Familie, der sich auch gemeinsam wandelt: bis heute. Im folgenden seien, ohne jeden Anspruch auf Vollständigkeit, einige grundlegende Klassikertexte[28] angeführt. Die Untersuchung solcher *Klassiker*texte dürfte in manchem Parallelen zur Geschichte der Verfassungs*texte* zur Familie aufweisen.

a) Zunächst zur *deutschen Staatstheorie*: Die zentrale Verankerung der Familie im Denken über Staat und Gesellschaft in *Hegels* „Grundlinien der Philo-

---

25 Vgl. BVerfGE 30, 173 (193): Menschenbild des GG, d. h. „vom Menschen als eigenverantwortlicher Persönlichkeit, die sich innerhalb der sozialen Gemeinschaft frei entfaltet (BVerfGE 4, 7 (15 f.); 7, 198 (205); 24, 119 (144); 27, 1 (7))." Damit ist einerseits gesagt, daß der Mensch gegenüber einem „größeren" Verband wie Familie oder Volk Eigenwert hat, andererseits auch, daß er in ihnen als einer sozialen Gemeinschaftsform wirken kann.

26 Übrigens gibt es wohl auch eine Art „Erziehung" der Eltern durch das Kind bzw. die Familie!

27 Sie sind *eine* Schicht einer als Kulturwissenschaft betriebenen Verfassungslehre, dazu meine Schrift Verfassungslehre als Kulturwissenschaft, 1982.

28 Allgemein dazu: *P. Häberle*, Klassikertexte im Verfassungsleben, 1981.

sophie des Rechts" (1821), 4. Aufl. 1956 (Dritter Teil Erster Abschnitt) geschieht mit dem bezeichnenden Satz „Übergang der Familie in die bürgerliche Gesellschaft" (§ 181)[29]. *Hegel* provozierte damit *K. Marx* zu einer berühmten Kritik, auch *Marx/Engels* in ihrem „Kommunistischen Manifest"[30] und schließlich *F. Engels* zu nicht minder grundsätzlichen Überlegungen[31].

---

29 S. auch § 260 ebd.: „System der Familie und der bürgerlichen Gesellschaft" sowie § 261: „Gegen die Sphären des Privatrechts und Privatwohls, der Familie und der bürgerlichen Gesellschaft . . . " – *K. Marx* sieht in diesen Passagen die zentrale Aussage *Hegels* (vgl. *K. Marx*, Kritik des *Hegelschen* Staatsrechts, 1843, S. 1 ff., zit. nach der Reclam-Ausgabe 1973) und er erläutert z. B.: „Familie und bürgerliche Gesellschaft sind die Voraussetzungen des Staats: sie sind die eigentlich Tätigen"; „Die Staatsbürger sind Familienmitglieder und Glieder der bürgerlichen Gesellschaft" (S. 7 f.). – Zum Verständnis von Familie durch *K. Marx*, s. *ders.*, Das Kapital, 1. Bd. 4. Aufl. 1890 (1982), S. 92, 372, 513 f., 528. – Sehr grundsätzlich geht später auch die Kritik von *A. Menger*, Das bürgerliche Recht und die besitzlosen Volksklassen, 1890, vor. Er sieht im *Familienrecht* des Entwurfs eines bürgerlichen Gesetzbuches für das Deutsche Reich die Rechtsregeln „vom Standpunkt des Besitzenden aus gedacht" (S. 40), glaubt allenthalben auch hier seine These bestätigt, wonach das „wirkliche Leben der Völker" uns vielmehr „nur Machtverhältnisse zwischen den einzelnen Klassen und Gruppen der Gesellschaft" darbiete (S. 39) und beklagt die Mängel des Familienrechts, welche die „besitzlosen Volksklassen" betreffen (S. 41 ff., 108).

30 *K. Marx/F. Engels*, Manifest der Kommunistischen Partei (1848), in: *diess.*, Ausgewählte Schriften, 29. Aufl. 1982, Bd. I, S. 29: „Die Bourgeoisie hat dem Familienverhältnis seinen rührend-sentimentalen Schleier abgerissen und es auf ein reines Geldverhältnis zurückgeführt". Ebd. S. 41: „Worauf beruht die gegenwärtige, die bürgerliche Familie? Auf dem Kapital, auf dem Privaterwerb"; S. 42: „Die bürgerlichen Redensarten über Familie und Erziehung, über das traute Verhältnis von Eltern und Kindern werden umso ekelhafter, je mehr infolge der großen Industrie alle Familienbande für die Proletarier zerrissen und die Kinder in einfache Handelsartikel und Arbeitsinstrumente verwandelt werden".

31 *F. Engels*, Der Ursprung der Familie, des Privateigentums und des Staates (1884), in: *Marx/Engels*, Ausgewählte Schriften, II, 29. Aufl. 1982, S. 155 ff. insbes. S. 199 ff., 202 ff.; vgl. etwa S. 207: „So haben wir in der Einzelfamilie, in den Fällen, die ihrer geschichtlichen Entstehung treu bleiben . . . ein Bild im kleinen derselben Grundsätze und Widersprüche, in denen sich die seit der Zivilisation in Klassen gespaltene Gesellschaft bewegt . . . ". S. 213: „Er (sc. der Mann) ist in der Familie der Bourgeois, die Frau repräsentiert das Proletariat"; Forderung nach Beseitigung der Eigenschaft der Einzelfamilie „als wirtschaftlicher Einheit der Gesellschaft"; S. 205 f.: Einzelehe als „Zellenform der zivilisierten Gesellschaft".

Die tiefe Verankerung des Zusammenhangs des Denkens über Familie und Staat zeigt sich auch bei *W. von Humboldt*[32], *C. von Rotteck*[33] und *F. C. von Savigny* (1840)[34].

So bestätigt sich die, vor allem seit Beginn der Neuzeit bis heute beobachtete variationenreiche, aber durchgehaltene *Parallelisierung* zwischen dem politischen Gemeinwesen und der Familie[35] („Struktur- und Funktionsanalogie"), unbeschadet der jeweils unterschiedlichen, zeitabhängigen Bedeutungsgehalte des Familienbegriffs.

b) Ein Blick auf das *englische Staatsdenken* wird bei *T. Hobbes* und *J. Locke* besonders fündig. Vor allem die Konstruktion von *Entsprechungsverhältnissen* zwischen Staat und Familie findet sich in Texten dieser beiden

---

32 *Wilhelm von Humboldt*, Ideen zu einem Versuch, die Grenze der Wirksamkeit des Staates zu bestimmen (1792), zit. nach der Reclam-Ausgabe von 1967, behandelt Ehe und Familie unter III. seiner Schrift. Er charakterisiert die Ehe als die „natürlichste" der Verbindungen des Menschen untereinander, die „für den einzelnen Menschen wie den Staat die wichtigste" sei (S. 38, aaO). Er nimmt Bezug auf die „Art der Familienverhältnisse in einer Generation" (S. 39) und fordert vom Staat, „überhaupt von der Ehe seine ganze Wirksamkeit (zu) entfernen und dieselbe der freien Willkür der Individuen und der ... Verträge ... (zu) überlassen" (S. 42, aaO). Damit bleibt sein Ehe-und Familienbild in Übereinstimmung mit seiner Staatstheorie.

33 In Staats-Lexikon (1837), zit. nach *D. Schwab*, in: FS Bosch, 1976, S. 893 (899 f.): „Die Anerkennung und Gewährleistung der natürlichen Familienrechte" ist „als ein Hauptartikel des bürgerlichen Vereinigungsvertrages zu betrachten". S. auch die Grundsatzäußerungen von *F. C. Dahlmann* (1835): „Wie der Staat aus der Familie entspringt ...".

34 „Der ausgebildete Staat hat die Familien, nicht die Individuen zu Bestandteilen" (beide zit. nach *D. Schwab*, aaO, S. 900). – Zu „Familienrechtlichen Kodifikationen im Wandel der Anschauungen", s. den gleichnamigen Beitrag von *W. Müller-Freienfels*, FS Hinderling, 1976, S. 111 ff.; s. auch *H.-J. Hildebrandt*, Der Evolutionismus in der Familienforschung des 19. Jahrhunderts (u. a. zu *J. Bachofen*), 1983.

35 Vgl. *Hannah Arendt*, Vita activa, 1960, S. 31 f.: „... weil wir seit dem Beginn der Neuzeit jeden Volkskörper und jedes politische Gemeinwesen im Bild der Familie verstehen, dessen Angelegenheiten und täglichen Geschäfte wie ein ins Gigantische gewachsener Haushaltsapparat verwaltet und erledigt werden". S. aber auch S. 41 f.: „Was sich in der Massengesellschaft geändert hat, ist lediglich, daß jetzt die einzelnen sozialen Gruppen, die aus dem Zerfall der Familie entstanden waren, das Schicksal der ursprünglichsten gesellschaftlichen Gruppe, der Familie, teilen".

großen Staatstheoretiker der Neuzeit: so bei *Thomas Hobbes*[36] und bei *John Locke*[37]. Der Abschnitt VI von dessen „Treatise" heißt: „Die väterliche Gewalt". In ihm finden sich einerseits Parallelisierungen zwischen Staat und Familie, insofern z. B. den Eltern „eine Art Herrschaft oder Rechtsprechung" über die Kinder zuerkannt wird[38]. Andererseits betont *J. Locke*[39], daß sich die „Gesellschaft von Eltern und Kindern" „von einer politischen Gesellschaft weit unterscheidet". Im Abschnitt XV („Die väterliche, politische und despotische Gewalt zusammen betrachtet") hebt er nochmals die *Unterschiede* hervor. Das hindert ihn nicht, unter VII („Die politische oder bürgerliche Gesellschaft") die Gesellschaft von Mann und Frau als „erste Gesellschaft" und den Kreis der Familie als Vorstufen der bürgerlichen Gesellschaft zu werten[40].

c) Aus dem *französischen Denken* neben *J.-J. Rousseau*[41] hier ein Beleg aus *Montesquieus* „Vom Geist der Gesetze" (1748)[42]: *Montesquieu* behandelt die Familie vor allem im Vierten Buch (Erstes Kapitel): „Daß die Gesetze der Erziehung den Regierungsprinzipien entsprechen müssen". Hier nimmt sie sogar einen zentralen Platz in seinem Staats- und Rechtsdenken ein: unter dem Aspekt der *Erziehung*. Diese ist *der* Grund der Entsprechung zwischen

---

36 Vgl. *T. Hobbes*, Leviathan (1668, zit. nach der Reclam-Ausgabe 1976), der in seinem zentralen Kapitel 17 über „Grund, Entstehung und Definition des Staates" schreibt (S. 152, aaO): „Was damals kleine Familien taten, das tun jetzt bürgerliche Gesellschaften als große Familien . . .". Im 20. Kapitel über „erbliche und despotische Herrschaft" findet sich der traditionsreiche Vergleich zwischen väterlicher und monarchischer Gewalt (S. 182, aaO): „Hieraus folgt, daß jede große Familie, solange sie noch nicht zu einem bestimmten Staat gehört, hinsichtlich ihrer Rechte ein kleiner Staat ist".

37 Vgl. The Second Treatise of Government, Über die Regierung, 1690, zit. nach der Reclam-Ausgabe 1974.

38 S. 41 f., aaO; s. auch S. 57: der Vater übt „als einziger in seiner Familie jene vollziehende Gewalt des Naturgesetzes" aus; ferner S. 58: „So wurden die natürlichen Väter der Familien durch einen unmerklichen Wandel auch zu ihren politischen Monarchen".

39 Unter VII, S. 63, aaO; s. auch VI, S. 53 für Unterschiede von väterlicher und politischer Gewalt. Dazu *W. Hennis*, Demokratisierung . . ., 2. Aufl. 1972, S. 29 ff.

40 Sub. Ziff. 77, vgl. auch die Anm. des Übersetzers, aaO, S. 59.

41 Vgl. *J.-J. Rousseau*, Vom Gesellschaftsvertrag, 1762, zit. nach der Reclam-Ausgabe 1977, S. 6: „Die älteste aller Gesellschaften und die einzig natürliche ist die der Familie." – S. 7 ebd.: „Die Familie ist deshalb, wenn man so will, das Urbild der politischen Gesellschaften; das Oberhaupt ist das Vorbild des Vaters, das Volk das Abbild der Kinder, und da alle gleich und frei geboren sind, veräußern sie ihre Freiheit einzig zu ihrem Nutzen".

42 Hier zit. nach der Reclam-Ausgabe 1965/1976.

Familie und den „Regierungsprinzipien". Wegen des tiefen Aussagegehalts sei das Zitat wörtlich wiedergegeben.

Gleich eingangs schreibt *Montesquieu*:

„Die Gesetze der Erziehung wirken als erste auf uns ein. Sie bereiten uns auf unser Leben als Bürger vor. Daher muß jede einzelne Familie nach dem Leitbild der großen Familie, die sie alle in sich begreift, regiert werden. – Wenn dem Volk im ganzen ein Prinzip innewohnt, werden auch die Teile, aus denen es sich zusammensetzt, d. h. die Familien, es enthalten" (aaO, S. 30).

Im Abschnitt über die „Erziehung unter der republikanischen Regierung" heißt es (aaO, S. 136):

„Diese Liebe (sc. als Liebe zu den Gesetzen und zum Vaterland) begeistert sich ausschließlich für die Demokratien. Bei diesen allein wird die Regierung jedem Bürger ans Herz gelegt . . . Mithin kommt in der Demokratie auf die Festigung dieser Liebe alles an. Die Erziehung muß darauf bedacht sein, sie zu wecken . . . die Väter müssen selbst davon beseelt sein". Und S. 137: „Nicht die heranwachsende Generation entartet: sie gerät nur auf Abwege, sobald die Erwachsenen bereits verderbt sind".

d) Ein letzter Blick gelte den Klassikertexten der *griechischen Antike*, so sehr sie historisch „am Anfang" stehen. Schon hier finden sich analogieähnliche Parallelisierungen zwischen Familie und Staats- bzw. Verfassungsformen: vor allem in der Nikomachischen Ethik von *Aristoteles*[43].

Im Buch VIII heißt es unter Ziff. 12 (hier S. 231 f.): „Analogien zu den Verfassungsformen, sozusagen Musterfälle, kann man auch an den Hausgemeinschaften beobachten. So hat die Gemeinschaft des Vaters zu den Söhnen die Gestalt einer Königsherrschaft . . . Das Königstum will eben seinem Wesen nach ein väterliches Regiment sein . . . Das Verhältnis des Mannes zur Frau hat die Merkmale einer Aristokratie" . . . „Demokratie" ist vor allem da zu finden, wo es ein Zusammenhausen ohne jedes Oberhaupt gibt . . .".

Steht bei *Aristoteles* die Analogie zwischen den Staats- und Verfassungsformen bzw. der Familie in Sachen „*Herrschaft*" im Vordergrund, so läßt *Platon* in seiner „Politeia" einen mindestens auch *pädagogischen* Aspekt anklingen, ganz in Übereinstimmung mit der Erkenntnis großer Autoren von *J.-J. Rousseau* bis *W. von Humboldt*[44], dieses Buch sei „mehr eine Erziehungs-als eine Staatsschrift". Im Neunten Buch *Platons* heißt es[45]:

---

43 Hier zit. nach der Reclam-Ausgabe von 1969. S. aber auch *Hennis*, aaO, S. 25 f.
44 Vgl. *W. von Humboldt*, Ideen zu einem Versuch, . . . , aaO, I. Einleitung, S. 17.
45 Zit. nach der von *A. Horneffer* besorgten Übersetzung, 1949, S. 325.

„Sie (sc. die Gesetze) nehmen sämtliche Staatsangehörige unter ihren Schutz. Ebenso zeigt es die Aufsicht, die wir unseren Kindern zuteil werden lassen. Wir lassen sie nicht eher los, als bis wir ihrer Seele eine Art Staatsverfassung gegeben und einen Wächter und Herrscher für sie ernannt haben, wie wir selber einen solchen in uns besitzen. Dann erst geben wir sie frei".

2. Ein vorläufiger Ertrag

Was ist der *vorläufige Ertrag* dieser hier (auch miteinander) ins Gespräch gebrachten „Klassikertexte" zu Familie und Staat? Zum einen: Das Denken über Staat, Gesellschaft, Verfassung und Recht bzw. die Familie steht in vielen Klassikertexten in einem engen inneren *Zusammenhang* (von *T. Hobbes* und *J. Locke* über *J.-J. Rousseau, W. von Humboldt* bis *Hegel* und *K. Marx*)[46].

Zum anderen: dieser Zusammenhang ist kulturgeschichtlich bedingt und er steht als solcher im Wandel, und: Staatsbild und Familienbild lassen sich nur in diesem *kulturellen* Zusammenhang und nur grundsätzlich diskutieren. Eine noch heute gültige kulturanthropologische Einsicht hat wohl am treffendsten *Montesquieu* formuliert: Familie und Staatsform stehen über die Erziehungsprinzipien in einem notwendigen „Entsprechungsverhältnis". Gerade in der freiheitlichen Demokratie des Verfassungsstaates von heute, der vom Bürger ausgeht, ist es besonders notwendig und gefordert. Fami-

---

46 Treffend flicht *D. Schwab*, Art. Familie, in: O. Brunner (Hrsg.), Geschichtliche Grundbegriffe, Historisches Lexikon zur politisch-sozialen Sprache in Deutschland, Bd. 2, 1979, S. 253 (280) den geglückten Begriff „Strukturanalogie von Staat und Familie" für die historischen Entwicklungen ein, die den Abbau des politischen Gottesgnadentums bzw. seines Analogon, die gottgegebene Herrschaft des Hausvaters und die Umstellung von Staat und Familie auf vertragsrechtliche Grundlagen brachten. S. auch als klassischen Beleg etwa sein Zitat von *Jean Bodin* (1583): Modell der Familie als „Vorbild des Staates" (aaO, S. 268). – Neuere Literatur großer Autoren bedient sich auch im Rückblick der „Strukturanalogie", vgl. z. B. *G. Radbruch*, Die Familienauffassung des Sozialismus, in: *ders.*, Kulturlehre des Sozialismus, 4. Aufl. 1970, S. 63 (65): „Die Familie war ein verkleinertes Bild der größeren Arbeitsgemeinschaft des Volkes, und das Kind wuchs, indem es in die engere Arbeitsgemeinschaft sich einfügte, unvermerkt in die weitere Arbeitsgemeinschaft hinein . . . Was früher die Verhältnisse von selbst lehrten und angewöhnten, muß jetzt in Kindergarten, Arbeitsschule, vor allem aber auch im Hause bewußte Erziehungsarbeit mühsam leisten".

liäre Erziehung leistet – vorweggenommen – ein Stück jener „pädagogischen Verfassungsinterpretation", die eine freiheitliche Demokratie für ihre Bürger braucht und die sie ihren Bürgern anvertrauen kann[47]. Umgekehrt muß jede Verfassungsinterpretation den spezifischen Menschenwürde-, Freiheits- und Kulturwert der Familie respektieren. Dies bildet eine ihrer Prämissen.

„Abschreckendes" Gegenbeispiel ist die Erziehungsdiktatur marxistisch-leninistischer Staaten[48]. Anders als sie vertrauen Verfassungsstaaten auf die *freie* Erziehungskompetenz und -potenz der Familien für *ihren* Bereich: aber mit gewollter „Fernwirkung" im politischen Gemeinwesen. Im staatlich-schulischen Bereich hat der Staat „eigene" Erziehungsaufgaben, die sich aber den familiären ergänzend einfügen und zu einem Gesamtbild formen[49] – bei allem Pluralismus, genauer: gerade um des Pluralismus willen.

Das notwendige Mindestmaß an „praktischer Konkordanz" und Homogenität zwischen „verfaßter Familie" und pluralistisch verfaßtem politischen Gemeinwesen zeigt sich nicht nur in den – differenzierten – *Erziehungszielen*, es offenbart sich auch in der damit zusammenhängenden *grundrechtlichen Fundierung* und *Strukturierung* der Familie einerseits, des Verfassungsstaates und seiner freiheitlichen Demokratie andererseits. Die Familie ist *gegen* den und *im* Verfassungsstaat grundrechtlich über mehrere Schutzrichtungen, d. h. mehrdimensional gesichert (abwehrrechtlich, objektiv- und leistungsrechtlich, prozessual und korporativ) und die „natürlich" heranwachsenden Kinder wachsen „parallel" in juristische Grundrechtspositionen hinein: ihre „Kindesrechte" erstarken nach und nach *grundrechtlich*. Komplementarität

---

47 Dazu mein Beitrag Verfassungsprinzipien als Erziehungsziele (zweite) FS H. Huber, 1981, S. 211 (228 ff.). Ansätze zu einer Zusammenschau des Art. 6 GG mit dem „weltanschaulich nicht einheitlichen Staat wie der Bundesrepublik" in: BVerfGE 10, 59 (84 f.).

48 S. die ideologische Indienststellung der Familie und der Erziehung der Kinder „im Geiste der Demokratie, des Sozialismus, des Patriotismus und der Völkerfreundschaft" im Entwurf eines Familiengesetzbuches der DDR (§ 1) und die Kritik der Kirchlichen Ostkonferenz an diesem Entwurf vom 1. 9. 1954 (beides abgedruckt in: Familienrechtsreform, Dokumente und Abhandlungen, hrsg. von *H. Dombois* und *F. K. Schumann*, 1955, S. 72 bzw. S. 67 ff.).

49 Vgl. auch BVerfGE 34, 165 (183): „sinnvoll aufeinander bezogenes Zusammenwirken". – So sehr der Verfassungsstaat die „elterlichen", d. h. familiären Erziehungsziele frei läßt, im ganzen gesehen „erwartet" er ein *Zusammenwirken* im Erfüllen des elterlichen und schulischen Erziehungsauftrags. Insofern ist die Familie nicht nur negativ ausgegrenzt, sondern auch positiv eingebaut, was sich also nicht nur in der erklärten „Familienpolitik" des Verfassungsstaates zeigt (dazu unten bei Anm. 100, 155 ff.).

der Erziehungsziele und die prinzipiell grundrechtliche Strukturierung der Familie „i. S. der Verfassung" sind die beiden heutigen verfassungsstaatlichen Entsprechungen zwischen demokratischer Staatsform und Familie! Beide sind Teile *einer* Verfassung, beide meinen den „Bürger"[50].

Nach einem viel zitierten Wort von *Martin Wolff*[51] ist die Geschichte der Familie „die Geschichte ihrer Zersetzung". Auf dem Hintergrund des Gesagten ist dies indes nur die eine Seite und vielleicht allzusehr von einem auch in der Politischen Theorie nicht seltenen Verfalldenken aus formuliert[52]. Mehr oder weniger bewußt mögen hier überdies monarchische Leitbilder eine Rolle gespielt haben. In einer verfassungsstaatlichen *freiheitlichen Demokratie* ist die auf der Gleichberechtigung der Elternteile aufbauende (vgl. Art. 3 Abs. 2, 117 GG), die Kindesgrundrechte „wachsen" lassende Familie „i. S. der Verfassung" kein bloßes „Zerfallprodukt", sondern positive *Konsequenz* des einen „Menschenbildes", des einen „Bürgers". Dasselbe gilt für die differenzierten Inhalte von elterlichen und staatlich-schuli-

---

50 Die Sozialwissenschaften, insbesondere die Familiensoziologie haben im Rahmen ihrer Methoden den Zusammenhang zwischen der jeweiligen Familienverfassung und den staatlich-gesellschaftlichen Verhältnissen durchaus im Auge: vgl. schon die Themenformulierung: „Rationale Familienpolitik in einem demokratischen Land" bei *R. König*, Materialien zur Soziologie der Familie, 1946, S. 165 ff., seine Behandlung der „Familie in der spätkapitalistischen Gesellschaft", dazu auch *H. Schelsky*, Wandlungen der deutschen Familie in der Gegenwart, 3. Aufl. 1955, S. 15. *Schelsky*, ebd. S. 42, formuliert als vornehmste Aufgabe einer Familiensoziologie heute, „die Familie und ihren Bestand als Wert und Ziel, als sozial-moralische Leitidee einer Sozialpolitik und darüber hinaus einer Wirtschafts- und Staatsbürgergesinnung überhaupt zu erweisen". Wenn *H. Schelsky*, aaO, S. 166, von einer „auch von der Familienverfassung her sich anbahnenden ‚klassenlosen Gesellschaft' " spricht, so ist auch hier eine Entsprechung zwischen Familie bzw. Staats- und Gesellschaftsverfassung ins Auge gefaßt. Zur patriarchischen Macht des späten fürstlichen Absolutismus und der Industrie des Früh- und Hochkapitalismus als Vorbild der hausväterlichen Gewalt in der Familie: *Schelsky*, Wandlungen, aaO, S. 325 f. – Zuletzt zeigt sich ein vergleichendes Arbeiten zwischen Familie und Staat (Gesellschaft) z. B. bei *A. C. R. Skynner*, Die Familie, 1981, S. 41: „Die Analogie zwischen totalitären Gesellschaftssystemen und restriktiven Familien sollte natürlich nicht zu weit geführt werden". – Die Familie-Staat-Analogie begegnet als Paradigma also offenbar in den unterschiedlichsten Wissenschaften.

51 Vgl. z. B. *G. Boehmer*, Einführung in das bürgerliche Recht, 1953, S. 83.

52 In der Familiensoziologie erinnert *G. Wurzbacher*, Leitbilder gegenwärtigen deutschen Familienlebens, 3. Aufl. 1958, S. 243, daran, daß im gesellschaftlichen Wandel immer Auflösungsprozesse zu beobachten sind, aber es auf der anderen Seite „immerwährend den Antrieb zu Neubildungen" gibt. So sind der Familie neue Aufgaben und Möglichkeiten zugewachsen.

schen Erziehungszielen. Sie sind *nicht* miteinander identisch und je eigen begründet, aber sie gehören letztlich gerade auch in ihrer Unterschiedlichkeit zusammen. Da die Familie „i. S. der Verfassung" die Kinder in die „größere" Gemeinschaft des politischen Gemeinwesens als Demokratie im Sinne eben derselben Verfassung hineinführt und zum Bürger werden läßt, kann es keinen strukturellen Antagonismus zwischen Familie und Verfassungsstaat geben. Umgekehrt muß die freiheitliche Demokratie auf das „Bild" der Familie abgestimmt sein. All dies bedeutet keine „Politisierung", „Instrumentalisierung" oder „Demokratisierung" der Familie „i. S. der Verfassung", auch keine naive oder „romantische" Gleichsetzung von staatlicher und familiärer Gemeinschaft, wohl aber die Herstellung eines letztlich kulturellen, teils grundrechtlichen, teils pädagogischen Entsprechungsverhältnisses, um das im Pädagogischen vor allem *Montesquieu* gewußt hat. So gesehen gibt es eine theoretisch zu begründende und praktisch zu lösende „Konkordanz" zwischen dem „Staatsbild" und dem „Familienbild" der verfassungsstaatlichen Verfassung[53]: so wie auch Staatsverständnis und Grundrechtsverständnis ganz allgemein korrelieren[54].

Lange Zeit schulte sich das philosophische und juristische Denken über den Staat an der *Familie*, heute ist auch eine *umgekehrte* Entwicklung zu beobachten: Das Denken über die Familie orientiert sich auch am Staat. Im Verfassungsstaat ist dies insofern konsequent, als die *grundrechtliche* Fundierung und Strukturierung des Verfassungsstaates einerseits, der Familie andererseits insbesondere die Gleichstellung von Mann und Frau sowie die wachsende „Grundrechtsmündigkeit"[55] des Kindes einander entsprechen. Solche strukturelle und letztlich *kulturelle* Analogien dürfen indes nicht darüber hinwegtäuschen, daß gerade im Verfassungsstaat das Analogieverfahren auch seine *Grenzen* hat: Familie läßt sich insbesondere nicht als „politische Einheit" begreifen, und: so wichtig die grundrechtlich fundierte und strukturierte Familie für die freiheitliche Demokratie ist, so wenig läßt sie sie *einfach* „analog" einer solchen Staatsform begreifen. Insbesondere kann nicht mit Leitbildern wie „innerfamiliäre Demokratie" etc. gearbeitet werden. Die gerade kulturwissenschaftlich erfaßbare Differenz zwischen der Familie und dem Staat, auch im Verfassungsstaat, setzt also den erwähnten Analogieverfahren Grenzen, so sehr Familie wie Verfassungsstaat Ausdrucksformen einer – komplexen – Kultur sind.

---

53 Vgl. den vorbildlichen Art. 26 Abs. 1 Verf. Saarland (bei Anm. 62).
54 Dazu *K. Hesse*, EuGRZ 1978, S. 427 (437 f.); *P. Häberle*, Wesensgehaltgarantie, 3. Aufl. 1983, S. 362 ff.
55 *U. Fehnemann*, Die Innehabung und Wahrnehmung von Grundrechten im Kindesalter, 1983; *M. Roell*, Die Geltung der Grundrechte für Minderjährige, 1984.

Inkurs II: Kontemporäre Rechtsvergleichung in Sachen „Verfassungsrecht der Familie"

Verfassungsstaatliche Normierungsinhalte und -techniken „in Sachen Familie" können hier nur beispielhaft vorgeführt werden[56]. Doch lassen sich auch in dieser Selbstbeschränkung aus einem Vergleich der Texte Erkenntnisse gewinnen, die bei der Erarbeitung der Umrisse der Familie als Verfassungsproblem heute hilfreich sind. Das GG ist ja (nur) ein Beispiel des *Typus* Verfassungsstaat. Die WRV ging ihm voraus[57]. Ein Textvergleich verfassungsstaatlicher Verfassungen ergibt zum „Verfassungsrecht der Familie" folgendes Bild:

1. Die deutschen Landesverfassungen nach 1945

Die deutschen Landesverfassungen nach 1945[58] entwerfen ein ebenso plastisches wie differenziertes Bild der Familie im verfassungsrechtlichen

---

56 In *Frankreich* normierte die Verfassung von 1848 erstmals und an der herausragenden Stelle ihrer Präambel die Familie mit den Worten (sub IV als Satz 2): „Elle (sc. La Republique française) a pour base la Famille, le Travail, la Proprieté, l'Ordre public". S. auch die Trias von „societé, la famille et l'individu" sub VII a. E. (Texte zit. nach *Godechot*, Les Constitutions de la France depuis 1789, 1979). Dieser Grundlagencharakter findet sich wieder im „article unique" der Loi constitutionnelle von *Vichy* (1940): „Cette Constitution devra garantir les droits du Travail, de la Famille et de la Patrie". – Im Verfassungsentwurf vom April 1946 heißt es in Art. 24 Abs. 1: „La Nation garantit à la famille les conditions nécessaires à son libre développement", eine Formulierung, die ähnlich in der Präambel der in Kraft getretenen Verfassung vom Oktober 1946 wiederkehrt, die über die Präambel der Verfassung von 1958 auch heute gilt.

57 Zur „Geschichte des verfassungsrechtlichen Schutzes von Ehe und Familie" grdlg. der gleichnamige Beitrag von *D. Schwab*, in FS Bosch, 1976, S. 893 ff. Erhellend sind sowohl die Äußerungen des Berichterstatters *Beyerle* im Blick auf die Entstehung des Art. 118 WRV (S. 897: „der Ehe und Familie als von jeher in Deutschland anerkannten Normalform des menschlichen Geschlechts- und Gemeinschaftslebens, als der hervorragendsten Quelle deutscher Sitte und Kultur, in den Grundrechten den gebührenden Platz einzuräumen") als auch die Erarbeitung der „neuen Familientheorie", die zur Vorgeschichte der Verfassungsgarantie von Ehe und Familie gehört (S. 898 f.).

58 Zit. nach *C. Pestalozza*, Verfassungen der deutschen Bundesländer, 2. Aufl. 1981.

18

Sinne. Die Familien-Artikel sind systematisch meist in den Teilen „Das Gemeinschaftsleben" (so Art. 124, 125 Verf. Bayern)[59] oder „Ordnung des sozialen Lebens" (so Art. 21 f. Verf. Bremen) plaziert[60]. Die Familie wird zusammen mit der Ehe als „natürliche und sittliche Grundlage der menschlichen Gemeinschaft"[61] bezeichnet. Zum Teil sind die elterlichen und damit familiären Erziehungsziele formuliert[62]. Eine seltene, aber treffende Bezugnahme auf die *Familie* in staatlich-schulischen Erziehungszielen erfolgt in Art. 26 Abs. 1 Verf. Saar: „Unterricht und Erziehung haben das Ziel, den jungen Menschen so heranzubilden, daß er seine Aufgabe in Familie (!) und Gemeinschaft erfüllen kann."

Im übrigen finden sich die bekannten Schutzklauseln (z. B. Art. 124 Abs. 1 Verf. Bayern), aber auch die Aufgabe der „sozialen Förderung" der Familie[63]. Kinderreiche Familien sind besonders herausgestellt[64].

2. Ältere und neuere verfassungsstaatliche Verfassungen in Europa

Bei einem typologischen Vergleich der Formen, in denen verfassungsstaatliche Verfassungen in Europa die Familie normieren, zeichnen sich drei Arten ab:

---

59 S. auch „Ordnung des Gemeinschaftslebens": Art. 5 f. Verf. NW.

60 S. auch Art. 21 Abs. 1 Verf. Baden (1947), zit. nach *B. Dennewitz*, Die Verfassungen der modernen Staaten, 2. Bd. 1948: „Ehe und Familie genießen als die wichtigen Grundlagen der Volksordnung den besonderen Schutz und die Förderung des Staates."

61 So Art. 124 Verf. Bayern; s. auch Art. 5 Abs. 1 S. 1 Verf. NW: „Ehe und Familie als Grundlage der menschlichen Gemeinschaft". – S. noch Art. 23 Abs. 1 Verf. Rheinland-Pfalz: „Ehe und Familie sind die naturgegebenen Grundlagen der menschlichen Gesellschaft. Als Gemeinschaften eigenen natürlichen Rechts stehen sie unter dem besonderen Schutz des Staates"; Art. 22 Abs. 1 Verf. Saar: „Ehe und Familie genießen als die natürliche Grundlage des Gemeinschaftslebens den besonderen Schutz und die Förderung des Staates".

62 Art. 23 Abs. 1 Verf. Bremen: Erziehung zu „aufrechten und lebenstüchtigen Menschen"; Art. 55 Verf. Hessen: „Gemeinsinn und zu leiblicher, geistiger und seelischer Tüchtigkeit"; Art. 25 Abs. 1 Rheinland-Pfalz: Erziehung zur „leiblichen, sittlichen und gesellschaftlichen Tüchtigkeit"; Art. 24 Abs. 1 Verf. Saar: elterliche Erziehungsziele: „leibliche, geistige, seelische sowie gesellschaftliche Tüchtigkeit".

63 Art. 125 Abs. 2 Verf. Bayern; s. auch Art. 21 Verf. Bremen; Art. 24 Verf. Rheinland-Pfalz. Vgl. noch Anm. 167.

64 Z. B. Art. 125 Abs. 3 Verf. Bayern: „Anspruch auf gesunde Wohnungen".

a) Es finden sich *allgemein-werthafte Kennzeichnungen* von Sinn und Aufgabe der Familie, die im Grunde Staat und Gesellschaft strukturieren. Repräsentativ ist hier Art. 41 Verf. Irland[65]. Danach anerkennt der Staat die „Familie als die natürliche und ursprüngliche Grundeinheit der Gesellschaft und als eine moralische Einrichtung mit unveräußerlichen und unverjährbaren Rechten vor und über allen Gesetzen". Der Staat „garantiert daher den Schutz der Familie, ihren Aufbau wie ihr Ansehen als die notwendige Grundlage der sozialen Ordnung und als unentbehrlich für das Wohl von Volk und Staat". Ähnliche Beispiele gibt es in vielen weiteren Verfassungen[66]. Auf *international-menschenrechtlicher* Ebene ist repräsentativ: Art. 16 Ziff. 3 Allgemeine Erklärung der Menschenrechte der UN (1948): „Die Familie ist die natürliche und grundlegende Einheit der Gesellschaft und hat Anspruch auf Schutz durch Gesellschaft und Staat"[67].

So betrachtet stellen sich Familienartikel schon textlich als *„Grundlagenartikel"* für Staat und Gesellschaft, im Verfassungsstaat als „Grundlagenartikel" der *Verfassung* dar. Zugleich darf man im Verfassungsstaat eine besondere Ranghöhe der Familie im Vergleich mit anderen „Verbänden" bzw. Formen der Vergemeinschaftung bejahen. Denn die Familie *beginnt* mit dem Kind,

---

65 Zit. nach *P. C. Mayer-Tasch*, Die Verfassungen der nicht-kommunistischen Staaten Europas, 2. Aufl. 1975.

66 Vgl. Art. 29 Abs. 1 Verf. *Italien*: „Die Republik erkennt die Rechte der Familie als einer auf der Ehe begründeten natürlichen Gesellschaft an." – Art. 11 Abs. 3 Verf. *Luxemburg*: „Der Staat gewährleistet die Naturrechte der menschlichen Person und der Familie". – Art. 21 Abs. 1 Verf. *Griechenland* (1975), zit. nach JÖR 32 (1983), S. 360 ff.: „Die Familie als Grundlage der Aufrechterhaltung und Förderung der Nation . . . stehen unter dem Schutz des Staates". – Art. 41 Abs. 1 Verf. *Türkei* (1982), zit. nach JÖR 32 (1983), S. 552 ff.: „Die Familie ist die Grundlage der türkischen Gesellschaft".

67 S. auch Art. 16 *ESC* (1961): „Um die erforderlichen Voraussetzungen für die Entfaltung der Familie als einer Grundeinheit der Gesellschaft zu schaffen, verpflichten sich die Vertragsstaaten, den wirtschaftlichen, gesetzlichen und sozialen Schutz des Familienlebens zu fördern . . . " – Art. 23 Abs. 1 *Internationaler Pakt* über bürgerliche und politische Rechte (1966): „Die Familie ist die natürliche Kernzelle der Gesellschaft und hat Anspruch auf Schutz von Gesellschaft und Staat". S. auch Art. 10 Ziff. 1 Internationaler Pakt über wirtschaftliche, soziale und kulturelle Rechte (1966). – Zum „Schutz der Familie durch die Vereinten Nationen" s. den gleichnamigen Beitrag von *C. Tomuschat*, AöR 100 (1975), S. 402 ff., zugleich mit beachtlichen Bemerkungen zur „Wechselwirkung von Individualität der einzelnen Familienmitglieder und ihrer kollektiven Verbundenheit" sowie zur Familie als „Ruhe- und Mittelpunkt der privaten Existenz" des Einzelnen; „die Kinder bereitet sie auf ihre späteren Lebensaufgaben vor" (ebd. S. 404 bzw. 407). – Texte zit. nach *Berber/Randelzhofer*, Völkerrechtliche Verträge, 2. Aufl. 1979 sowie *Mayer-Tasch* (Anm. 65).

der ersten Phase der Persönlichkeitsentwicklung eines Menschen, der zum (Mit)Bürger wird, und die Gemeinschaft der Familie ist anthropologisch die „dichteste". So gesehen ist Familie die kleinste und intensivste kulturelle Einheit, mit der es eine Verfassungslehre als Kulturwissenschaft zu tun hat, Familie wird zu einem zentralen Element der Verfassungslehre, umso mehr dann, wenn diese die Menschenwürde zur Prämisse des Verfassungsstaates nimmt.

b) Vielfältig sind die Formen, in denen aufgrund der hohen Einstufung der Familie als Grundlage von Staat und Gesellschaft Anspruchsrechte, Schutzaufträge, Förderungsaufgaben (jetzt auch in Sachen „Familienplanung"), also *Staatsaufgaben* gefolgert werden. Das Verfassungsrecht der Familie deckt also einen Teil der Staatsaufgaben ab, es öffnet sich der Weg zu „verfassungsstaatlicher Familienpolitik"[68]. Mitunter wird das Familienleben zugleich in den Kontext des *Privatlebens* und seiner Unverletzlichkeit gerückt. Hier zeigt sich die Seite des Privatheitsschutzes, dem Familie *auch* dient[69].

---

68 Z. B. Art. 41 Abs. 2 Ziff. 1 Verf. *Irland*: . . . „die Institution der Ehe, auf die sich die Familie gründet, mit besonderer Sorgfalt bewahren und sie vor Angriffen zu schützen." – Art. 29 Abs. 2 Verf. *Italien*: Gesetze „zum Schutze der Einheit der Familie"; Art. 31 Abs. 1 ebd.: Erleichterung der Gründung von Familien durch „wirtschaftliche und andere Maßnahmen", „insbesondere im Hinblick auf die kinderreichen Familien". – Präambel der *französischen* Verfassung 1946: „Die Nation sichert dem einzelnen und der Familie die zu ihrer Entwicklung notwendigen Voraussetzungen". – Art. 41 Abs. 2 Verf. *Türkei*: „Der Staat hat zum Wohl und zum sorgenfreien Dasein der Familie . . . die notwendigen Maßnahmen zu treffen . . .". – Art. 26 Abs. 2 VE *Schweiz* (zit. nach AöR 104 (1979), S. 475): „Der Staat schützt die Familie und die Mutterschaft". – Art. 25 b VE Solothurn (1984): „. . . die Familie in der Erfüllung ihrer Aufgaben unterstützt und gefördert wird". – Zum Ganzen unten V. – Im weltweiten Vordringen spezieller *Familiengerichtsbarkeit* (dazu etwa *W. Müller-Freienfels*, FS Hinderling, 1976, S. 111 [148 f.]) spiegeln sich letztlich auch Wandlungen im Verfassungsstatus und -schutz der Familie! Aus dem Schrifttum zur Familiengerichtsbarkeit noch: *D. Brüggemann*, Familiengerichtsbarkeit . . ., FamRZ 1977, S. 1 ff.; *O. Jauernig*, Das Verhältnis des Familiengerichts . . ., FamRZ 1977, S. 681f.; *G. Walter*, Das neue Verfahrensrecht . . ., FamRZ 1979, S. 204 f.; *F. W. Bosch*, Familiengerichtsbarkeit . . ., FamRZ 1980, S. 1 ff.; zuletzt 5. Dt. Familiengerichtstag (1983), 1984.
69 Außer Art. 8 Abs. 1 EMRK vgl. Art. 9 Abs. 1 S. 2 Verf. *Griechenland* (1975): „Das Privat- und das Familienleben des einzelnen ist unverletzlich". – Ähnlich Art. 20 Abs. 1 Verf. *Türkei* (1982), zit. nach JÖR 32 (1983), S. 552 ff.; s. auch Art. 17 Internationaler Pakt über bürgerliche und politische Rechte, ferner Art. 10 Ziff. 1 Internationaler Pakt über wirtschaftliche, soziale und kulturelle Rechte: „daß die Familie als die natürliche Kernzelle der Gesellschaft größtmöglichen Schutz und Beistand genießen soll". – S. schon Art. 119 Abs. 2 S. 2 WRV: „Kinderreiche Familien haben Anspruch auf ausgleichende Fürsorge".

c) Das *Kind* wird als konstituierendes Element von „Familie" vielfältig herausgehoben, etwa im Hinblick auf seine Erziehung[70]. Mitunter ist es sogar schon verselbständigt[71]. Die Stellung des Kindes als solchem beginnt sich im Verfassungsstaat nicht nur im innerstaatlichen Text, sondern auch von der internationalen menschenrechtlichen Seite her zu verstärken[72]: Die Familie wird auch von den Grundrechten der Kinder her „wachsend" verfaßt und strukturiert. Der Begriff des „Kindeswohls"[73] ist ein Element in diesem Prozeß.

3. Ein neues Bild: Familienartikel der Verfassung Portugals (1976/82)

Der Blick auf eine neuere Verfassung zeigt die im Gange befindlichen Wandlungen, in denen sich das „Verfassungsrecht der Familie" in westlichen Demokratien präsentiert. Sie könnten langfristig einen Wandel des *Typus* bewirken. In der neuen Verfassung von *Portugal*[74] ist das „Verfassungsrecht der Familie" an zwei Stellen normiert: eher von der individualrechtlichen, rechtsstaatlichen Seite her in Art. 36 Abs. 1 mit den Worten: „Jedermann hat das Recht auf Gründung einer Familie", im Abschnitt „Soziale Rechte und Pflichten" folgt Art. 67 mit grundsätzlichen Aussagen zur *strukturierenden*

---

70 Z. B. Art. 42 Abs. 1 Verf. *Irland:* „Der Staat anerkennt, daß die Erziehung des Kindes in erster Linie und natürlicher Weise der Familie obliegt".

71 Vgl. Art. 39 Abs. 1 Verf. *Spanien* (1978) nach einem Familienschutzartikel in Abs. 1: „Die Staatsgewalten sichern ebenfalls den völligen Schutz der Kinder . . . zu" (zit. nach JÖR 29 [1980], S. 252 ff.).

72 Repräsentativ: Art. 24 Abs. 1 Internationaler Pakt über bürgerliche und politische Rechte: „Jedes Kind hat . . . das Recht auf diejenigen Schutzmaßnahmen durch seine Familie, die Gesellschaft und den Staat, die seine Rechtsstellung als Minderjähriger erfordert".

73 Dazu für das GG zuletzt: *D. Giesen,* JZ 1982, S. 817 (821 f.). – Zum „Wohl des Kindes" als Maßstab sowohl für staatliche Eingriffe in das Elternrecht (Art. 6 Abs. 3 GG) als auch für das Elternrecht selbst: BGHZ 73, 131 (138). – Grundsätzlich zum Problem „Verstaatlichung der Kindeswohlentscheidung?" die gleichnamige Schrift von *H.-U. Erichsen,* 2. Aufl. 1979. S. noch Anm. 88.

74 1976/1982, zit. nach JÖR 32 (1983), S. 446 ff. – Weit herkömmlicher ist Familie als Verfassungsproblem in *Spanien* (1978) geregelt: Art. 39 Abs. 1 (unter der Überschrift: „Die Leitprinzipien der Sozial- und Wirtschaftspolitik"): „Die Staatsgewalten sichern den sozialen, wirtschaftlichen und rechtlichen Schutz der Familie." – Abs. 2: „Die Staatsgewalten sichern ebenfalls den völligen Schutz der Kinder . . .".

Funktion der Familie. Dies geschieht in bemerkenswerten Varianten gegenüber älteren europäischen Verfassungen (Abs. 1):

„Die Familie hat als grundlegendes Element der Gesellschaft ein Recht auf den Schutz durch die Gesellschaft und des Staates und auf die Verwirklichung aller Bedingungen für die Persönlichkeitsentfaltung aller Familienangehörigen."

Neu und bemerkenswert ist der Aspekt der „Persönlichkeitsentfaltung" in der bzw. durch die Familie! Familie wird dadurch auf neue Weise grundrechtlich fundiert und strukturiert. In Abs. 2 ist ein ganzes Bündel von Aufgaben des Staates „zum Schutz der Familie" normiert, z. B. Förderung der sozialen und wirtschaftlichen Unabhängigkeit der Familienangehörigen, Aufbau von „Infrastrukturen zum Schutze der Familien", „Verbreitung der Methoden der Familienplanung", Festlegung einer „globalen und integrierten Familienpolitik". Die klassische Staatsaufgabenlehre „in Sachen Familie" hat sich also sowohl differenziert als auch thematisch erweitert. Nach diesem typologischen Überblick lassen sich die konkreten Fragen des GG zu Art. 6 jetzt leichter klären[75], der Verfassungsschutz der Familie genauer präzisieren.

---

75 Eine Kontrastierung der verfassungsstaatlichen Normierungsformen des Verfassungsrechts der Familie mit der Art, wie *sozialistische Verfassungen* die Familie ideologisch über die *Erziehungsziele* in ihren Dienst nehmen, ja instrumentalisieren, ist höchst lehrreich (Texte zit. nach *Brunner/Meissner*, Verfassungen der kommunistischen Staaten, 1980). Repräsentativ ist etwa Verf. *Albanien*, Art. 49 Abs. 2: „Die Eltern sind für die gute Betreuung und die kommunistische Erziehung der Kinder verantwortlich". – Art. 37 Abs. 1 Verf. *Kuba*: „Die Eltern sind verpflichtet, aktiv an ihrer (sc. der Kinder) Erziehung und Bildung zu nützlichen Staatsbürgern beizutragen . . .". Es gibt aber auch rechtsstaatlich gefaßte und sozialstaatsähnliche Familienschutzartikel wie Art. 50 *Bulgarien* („Jeder Bürger hat das Recht auf Schutz gegen gesetzwidrige Eingriffe in sein persönliches oder sein Familienleben . . .), Art. 38 Abs. 1 S. 2 Verf. *DDR*: „Jeder Bürger der DDR hat das Recht auf Achtung, Schutz und Förderung seiner Ehe und Familie." – Art. 26 Abs. 1 *CSSR*: „Mutterschaft, Ehe und Familie stehen unter dem Schutz des Staates." S. noch Anm. 161.

II. „Familie" im Sinne von Art. 6 GG als Gegenstand der Verfassungsinterpretation

Der Umstand, daß das GG „Familie" in Art. 6 als Begriff und damit als *verfassungsrechtlichen* Begriff verwendet, verlangt, daß er mit den spezifischen Methoden der Verfassungs-, insbesondere Grundrechtsauslegung zu *interpretieren* ist[76], d. h.: Familie nimmt an den Entwicklungs- und Wachstumsprozessen der *Verfassung* teil; in der herkömmlichen Kategorie des sog. „Verfassungswandels" formuliert: sie ist ihm nicht unzugänglich[77]. Familie als Verfassungsbegriff hält sich in einer „Mittelzone" (*U. Scheuner*) zwischen Tradition und Offenheit für Wandlungen, zwischen normativer Idealität und gelebter Realität. In diesen Entwicklungsprozessen spielen nicht nur der „reformierende" Gesetzgeber in Wechselwirkung mit dem verfassungsrechtlichen Bild von Familie[78], die Rechtsprechung (also der Staat), nicht nur die öffentliche Meinung, Kirchen und Parteien, nicht nur die „gesellschaftlichen Verhältnisse" eine Rolle, auch dem *Selbstverständnis* der Familienmitglieder kommt mittelfristig Bedeutung zu[79]: je nach dem wie *sie* ihr Familienleben im Alltag praktizieren, welche Ideale *sie* postulieren (und verfehlen). Vehikel der allmählichen Einbeziehung der Unehelichen-Familie (als einer Form der „Halb-Familie") in den verfassungsrechtlichen Familienbegriff des Art. 6 GG heute dürfte nicht zuletzt die gelebte Praxis unehelicher

---

76 Allgemein dazu *K. Hesse*, Grundzüge des Verfassungsrechts der BR Deutschland, 14. Aufl. 1984, S. 19 ff.

77 Zur Frage, ob der Familienbegriff ein „offener Begriff", „verfassungsrechtliches Idealbild" oder „wandelbare Kategorie" ist, vgl. die Diskussion auf den Essener Gesprächen Bd. 14 (1980), S. 38 f., 47 (*Scheuner*), S. 45 f. (*Pirson*), S. 52 (*W. Geiger*). I. S. eines Sowohl-als-auch von „bewahrendem Schutz der Verfassung" in Sachen Ehe und Familie als auch einer begrenzten Offenheit für Wandel („konkrete soziale Befindlichkeit" und Funktion der „im Wandel" begriffenen Familie): *D. Schwab*, in: FS Bosch, 1976, S. 893 (906 f.).

78 Allgemein zum Wechselverhältnis zwischen Verfassung und Gesetzgebung, auch im Blick auf Verfassungswandlungen, meine Wesensgehaltgarantie des Art. 19 Abs. 2 GG, 1. Aufl. 1962, S. 210 ff., 213 ff., 3. Aufl. 1983, ebd.; s. auch *W. Zeidler*, Ehe und Familie, HdBVerfR, 1983, Teil 1, S. 555 (557).

79 Zur Rolle des „Selbstverständnisses" bei der Grundrechtsinterpretation meine Überlegungen in: DÖV 1969, 385 (388), allgemein in: Verfassung als öffentlicher Prozeß, 1978, S. 157 ff.

Mütter bzw. alleinstehender Väter im Kontext des Wertewandels und angesichts der Schutzbedürftigkeit des unehelichen Kindes sein. Dabei hat das „ideale Postulat" des Art. 6 Abs. 5 GG seinerseits *normierende* Kraft entfaltet: Es wurde zum Motor der Anerkennung der Unehelichen-Familie als „Familie" i. S. der Verfassung! So privat, auf eine Weise „geschlossen"[80], Familie *auch* ist, so sehr ist sie Teil der „offenen Gesellschaft der Verfassungsinterpreten"[81]. Letztlich geht es um die Familie als Gegenstand *und* „Subjekt" *kulturellen* Wandels. Als kulturelle Strukturnorm der Verfassung und als Grundlagen-Artikel für Staat und Gesellschaft ist „Familie" heute durch eine grundrechtliche Fundierung und Strukturierung gekennzeichnet. Juristische und pädagogische Verfassungsinterpretation bewährt sich in ihr in besonderem Maße. Die Verfassung erhofft sich von der Familie nicht zuletzt die Erfüllung pädagogischer Aufgaben[82].

---

80 Vgl. BVerfGE 51, 386 (398): „geschlossener Lebensbereich".
81 Dazu mein „Tableau" im gleichnamigen Aufsatz in JZ 1975, S. 293 ff., zuletzt:·*P. Häberle*, Verfassungslehre als Kulturwissenschaft, 1982, S. 23 ff.
82 Der hohe Stellenwert von Familie im *allgemeinen* kulturellen Kontext wird in diesen Tagen immer wieder greifbar: so, wenn die *Literaturwissenschaft* auf das traditionsreiche Genre der „Familiensaga" hinweist (z. B. *G. Ueding*, FAZ vom 14. 7. 1984, Nr. 162, Beilage Literatur), in der Aufstieg, Blüte und Niedergang einer Familie als „Paradigma des gesellschaftlichen und staatlichen Verfalls" einer Epoche seit *Zola*" dargestellt ist, oder wenn in einer *pädagogischen* Rede zur Entlassung von Abiturienten 1984 („Familienfeier") der Direktor der Deutschen Schule in Brüssel, *L. Wittmann*, die Familie als „Grundbedingung menschlicher Gemeinschaft" rühmt und den „entscheidenden Einfluß der Familiengemeinschaft" hervorhebt, den der Erzieher wie niemand sonst erlebe (FAZ vom 12. 7. 1984, S. 23). S. auch das Wort von der Familie als „sozialem Modell, in dem auf Dauer ein humaner Ausgleich zwischen Selbstverwirklichung und menschlicher Solidarität gefunden worden" sei (ebd.). Symptomatisch auch *L. Dorn*, Frieden beginnt in der Familie, 1984.

III. Der verfassungsrechtliche Begriff „Familie" heute (Art. 6 GG): eine Vielfalt

„Familie" i. S. der Verfassung (Art. 6 GG) erwächst aus der *Verbindung* von Eltern und mindestens einem Kind, auch von einem Eltern*teil* und mindestens einem Kind. Darum ist auch die Gemeinschaft des unehelichen Kindes mit seiner Mutter „Familie"[83], und darum bildet auch der uneheliche Vater mit seinem Kind eine „Familie"[84]. Der Weg zu dieser gewandelten Interpretation des Verfassungsbegriffs „Familie" bzw. des verfassungsrechtlichen Schutzauftrags wurde nicht zuletzt dadurch eröffnet, daß das GG in Art. 6 Abs. 1 von Schutz von Ehe *und* (!) Familie spricht, während die WRV in Art. 119 Abs. 1 formulierte: „Die Ehe steht als Grundlage des Familienlebens ... unter dem besonderen Schutz der Verfassung"[85]. Im Ganzen ist der Begriff Familie „i. S. des GG" durch eine *Vielfalt* von Erscheinungsformen der Familie als kultureller Gestalt gekennzeichnet[86]. Das Kind wächst

---

83 Vgl. BVerfGE 8, 210 (215): „Familiengemeinschaft für das uneheliche Kind". S. auch E 18, 97 (105 f.); 25, 167 (196). – BVerfGE 39, 316 (326) läßt offen, ob die „Familienbindung zwischen Großvater und Enkelkind, die mit den Eltern in einer Hausgemeinschaft zusammenleben, in die durch die Verfassung geschützte Familie einzubeziehen wäre". Im Lichte eines „innerfamiliären Generationenvertrages" ist dies bei kultur- und sozialstaatlichen Förderungsaufgaben der Familie (Art. 6 GG) m. E. zu bejahen.

84 Vgl. BVerfGE 45, 105 (123). – Zur Diskussion aus der Literatur: *T. Maunz* in: *Maunz/Dürig/Herzog*, Rd. Nr. 16 zu Art. 6 GG; *E. M. von Münch*, Rd. Nr. 4 zu Art. 6 GG in: *von Münch* (Hrsg.), GG-K., Band 1, 2. Aufl. 1981; *Pirson*, BK (Zweitbearbeitung), Art. 6 GG, Rd. Nr. 19 - 25. Als „familienähnliches Verhältnis" qualifiziert *U. Scheuner*, in: Essener Gespräche 14 (1980), S. 48 die „Kleingruppe uneheliche Mutter und Kind".

85 Entgegen *W. Geiger* (aaO, S. 9, 40) ist die Ehe m. E. nicht mehr „konstitutives Element" der Familie im verfassungsrechtlichen Sinne.

86 Im Schrifttum nimmt z. B. die Studie „Zur Neuregelung der Familienbesteuerung Heft 55 des K.-Bräuer-Instituts des Bundes der Steuerzahler e. V., 1983, S. 9 auf diese weitgezogene Familienabgrenzung unter Hinweis auf den Dritten Familienbericht der Bundesregierung (BT-Drs 8/3121, S. 13) Bezug. Der Hinweis von *I. Richter*, AK-GG Art. 6 Rz. 12 auf die „Vielfalt moderner familiärer Lebensformen" ist ebenso berechtigt wie die Erarbeitung des „Familienzyklus" mit verschiedenen Phasen, z. B. doppelte Erwerbstätigkeit der Ehegatten, „Kinderaufzucht der Frau", deren Rückkehr in den Beruf etc. – Zur Familie als Interaktionssystem, das verschiedene Stadien des „Familienzyklus" durchläuft: *J. Gernhuber*, aaO., S. 3; ebd. S. 6: Im Mittelpunkt des staatlichen Bemühens steht heute die Sicherung der Familie als Träger der Regeneration des Volkes und der Sozialisation der Kinder.

dabei immer stärker in grundrechtliche Positionen hinein[87]. Auch dies ist ein Stück grundrechtlicher Fundierung und Strukturierung der Familie, die für den Begriff „Familienwohl" durchaus Raum läßt[88].

---

87 Zur wachsenden Betonung der Kindesrechte im verfassungsrechtlichen Bild der Familie: *U. Scheuner*, Essener Gespräche 14 (1980), S. 48 (Diskussion). Zu Verfassungstexten vgl. oben bei Anm. 70 ff. – Zum „Recht des Kindes" aus Art. 2 Abs. 1 GG zuletzt BVerfGE 64, 180 (187 ff.), ebd. S. 191 mit einem *verfahrens*rechtlichen Aspekt. – Grundsatzliteratur aus der Schweiz jetzt: Familie – Herausforderung der Zukunft, hrsg. von *B. Schnyder*, 1982, insbes. der Beitrag von *P. Saladin*, Grundrechte der Familie; Grundrechte in der Familie, S. 141 ff.

88 Das „Wohl des Kindes", heute der rechtliche Maßstab des elterlichen Erziehungsrechts (umfassend zum Kindeswohl als Rechtsbegriff jetzt *M. Coesters* gleichnamiges Buch, 1983), nimmt die Familie in seinen Dienst. Doch ist auch zu bedenken, daß das Wohl des Kindes vom *„Wohl der Familie"* her geprägt ist: das Kind darf so erzogen werden, daß es selbst später – als Teil der Persönlichkeitsentfaltung! – eine Familie gründen und sich in sie einordnen *kann*. Insofern besteht eine *Wechsel*wirkung zwischen dem „Wohl des Kindes" und dem „Wohl der Familie", einem Begriff, der nicht vergessen werden sollte. Von „Familienwohl" spricht auch *H. Lecheler*, FamRZ 1979, S. 1 (3).

IV. Familienpolitische Grundrechtsdogmatik oder: Grundrechtsdogmatik im Dienste des „besonderen Schutzes der Familie" (Art. 6 GG): der mehrdimensionale Grundrechtsschutz

Grundrechtsdogmatik steht im Dienste der Grundrechtsgarantien[89], so auch bei Art. 6 GG. Die oft kunstvollen „Ableitungen" und juristischen Begriffsbildungen, die die allgemeine Grundrechtstheorie in Deutschland bis heute entwickelt hat, bilden nur Mittel zum Zweck der „Optimierung der Grundrechte". So weit sie gerade bei Art. 6 GG nicht zuletzt dank der schöpferischen Tätigkeit des BVerfG gediehen sind, so sehr hat man sich immer wieder die Frage zu stellen, ob diese Instrumente hic et nunc „greifen": im Dienste „grundrechtssichernder Geltungsfortbildung". Der mehrdimensionale Grundrechtsschutz von Art. 6 Abs. 1 GG (Abwehrrecht, Institutsgarantie, wertentscheidende Grundsatznorm[90] etc.) steht unter diesem Postulat der Effektivierung – freilich hat er im Kontext des GG *im ganzen* zu geschehen. Dies führt etwa zur Einsicht in Inhalte und *Grenzen* der Förderungsaufgaben[91], die in Art. 6 Abs. 1 GG *auch* enthalten sind. Heute mögen neue Förderungsaufgaben oder doch solche in neuer Gestalt hinzukommen: etwa unter dem Stichwort „Familienlastenausgleich"[92], in manchem Verfassungsstaat auch unter dem Gesichtspunkt der „Familienplanung".

---

89 Allgemein dazu mein Regensburger Mitbericht „Grundrechte im Leistungsstaat", VVDStRL 30 (1972), S. 43 (69 ff.).

90 Vgl. BVerfGE 6, 55. Ferner E 32, 260 (267); 53, 224 (248); 55, 114 (126). – Zu den großen Aufbauleistungen in Sachen Verfassungsschutz der Familie gehört auch die Abhandlung von *E. Scheffler*, Ehe und Familie, in: Bettermann-Nipperdey-Scheuner (Hrsg.), Die Grundrechte, 4. Bd. 1. Hlbb., 1960, S. 245 ff., zumal sie auch erklärtermaßen das BVerfG beeinflußte (vgl. z. B. BVerfGE 31, 58 [69, 83]).

91 Zum aus Art. 6 Abs. 1 GG hergeleiteten Gebot, „auch den wirtschaftlichen Zusammenhalt der Familie zu fördern": BVerfGE 62, 323 (332); E 40, 121 (132); 28, 104 (113). S. aber auch E 40, 121 (132); 43, 108 (121). – Zur „familienfördernden Tendenz" der Wohnungsbauprämien BVerfGE 17, 210 (217 f.) unter Hinweis auf Art. 6 Abs. 1 GG. Zum „Grundsatz amtsangemessener Alimentierung" einer Beamtenfamilie mit größerer Kinderzahl: BVerfGE 44, 249 (267 f.), wo Art. 33 Abs. 5 GG „auch im Zusammenhang" mit der in Art. 6 GG enthaltenen Wertentscheidung ausgelegt wird.

92 Richtig ist, daß das BVerfG aus der Wertentscheidung des Art. 6 Abs. 1 GG i. V. mit dem Sozialstaatsprinzip die allgemeine Pflicht des Staates zu einem Familienlasten-

Inhalte und Funktionen der Verfassungsgarantie „Familie" im GG sind in einer Zusammenschau *aller* Absätze der Garantie des Art. 6 GG zu bestimmen. Welche Aussagen für die Familie „i. S. der Verfassung" aus Art. 6 Abs. 5 (!) GG zu entnehmen sind, wurde bereits dargetan. Aber auch die auf die Grundlagen-Absätze 1 und 2[93] folgenden Absätze 3 bis 5 sind integrierende Bestandteile des Verfassungsschutzes der Familie, nicht etwa nur „Konnex-" oder nur „Nebengarantien". So steckt in Abs. 3 ein Stück des „status activus processualis"[94], und der Schutzauftrag in Abs. 4 ist eine Beispielform für den bekannten, jüngst stärker ins Bewußtsein tretenden „allgemeinen" Schutzauftrag in bezug auf Grundrechte[95]. Ungeachtet vieler Besonderheiten „paßt" die Verfassungsgarantie der Familie (Art. 6 GG) aber auch insofern in die „allgemeine" Grundrechtsdogmatik als sogar die Dimension des Teilhabe-Grundrechts auszumachen ist. Sie zeigt sich vor allem in Art. 6 Abs. 4 GG. Danach hat „jede Mutter" (und d. h. per se die Familie, die sie als „Mutter" konstituiert) „Anspruch auf Schutz und Fürsorge der Gemeinschaft". Dieser „Anspruch" bildet ein schon klassisches Beispiel für ein „Grundrecht im Leistungsstaat"; er ist ein subjektives Teilhabegrundrecht und im Zusammenhang mit den anderen Dimensionen des Grundrechts aus Art. 6 GG zu sehen.

Bei alldem ist Art. 6 Abs. 1 GG nicht nur in die *allgemeinen* Grundrechtslehren zu integrieren[96]; auch der *Besonderheit* der Struktur und Funktion des Art. 6 GG als einem speziellen Grundrecht ist Rechnung zu tragen.

---

ausgleich entnimmt, nicht aber die Entscheidung über Umfang und Weise eines solchen sozialen Ausgleichs (BVerfGE 39, 316 [326]). – Auch zur Frage *eheähnlicher* Gemeinschaften finden sich Ausführungen: BVerfGE 9, 20 (34 f.). Einerseits lehnt das BVerfG die Rechtfertigung einer etwaigen gegen sie gerichteten „Erziehungsabsicht" aus dem Schutzgedanken des Art. 6 Abs. 1 GG ab. Andererseits entnimmt es ihm die Tendenz, „eheähnliche Gemeinschaften hinsichtlich der materiellen Grundlage gegenüber rechten Ehen nicht zu begünstigen".

93 Zum „Wirkungszusammenhang" speziell der Absätze 1 und 2 von Art. 6 GG: *W. Schmitt Glaeser*, Das elterliche Erziehungsrecht in staatlicher Reglementierung, 1980, S. 36. Vgl. auch BVerfGE 32, 273 (277): „Art. 6 Abs. 4 GG ist ebenso wie Art. 6 Abs. 1 GG (vgl. BVerfGE 6, 55 [76]) und Art. 6 Abs. 5 (vgl. BVerfGE 25, 167 [173]) Ausdruck einer verfassungsrechtlichen Wertentscheidung, die für den gesamten Bereich des privaten und öffentlichen Rechts verbindlich ist". Zu Art. 6 Abs. 4 GG zuletzt: E 65, 104 (112 f.); 60, 68 (74); zuvor: E 39, 1 (48).

94 I. S. meines Vorschlags von 1971 (vgl. VVDStRL 30 [1972], S. 43 [86 ff.]).

95 Dazu *K. Hesse*, Grundzüge, aaO., S. 139 ff.

96 Dazu aus dem Schrifttum *A. Bleckmann*, Allgemeine Grundrechtslehren, 1978; meine Wesensgehaltgarantie des Art. 19 Abs. 2 GG, 3. Aufl. 1983, S. 342 ff., 366 ff.

Im einzelnen:

Familie, verstanden als kulturanthropologische, der Menschenwürde und Persönlichkeitsentfaltung verbundene Prämisse eines verfassungsstaatlich im Heute *und* in der Generationenfolge konstituierten Volkes, bildet den Ausgangspunkt für alle weiteren dogmatischen „Herleitungen" und Überlegungen. Sie sind wie jede Dogmatik nur stützender und schützender Art, d. h. von sekundärer Natur. Vor allem sind die bekannten Schutzrichtungen aus BVerfGE 6, 55[97] als „klassisches Grundrecht", Schutz der spezifischen Privatsphäre, Instituts- oder Einrichtungsgarantie und wertentscheidende „Grundsatznorm" *Folge,* nicht Voraussetzung der Familie „i. S. der Verfassung". Wesentlich ist neben der *öffentlichen* Seite[98] die *private* Seite der Familie: Familie bildet ein wesentliches Stück Privatheitsschutz[99]. Dazu ermutigt auch der Überblick über verfassungsstaatliche Texte. Vor allem ist der familiäre Privatheitsschutz und die Garantie elterlicher Rechte und Pflichten letztlich ein Stück pluralistischer Vielfalt[100] aus Privatem! Privatheit der Familie und ihre *sozialen* Funktionen[101] gehören zusammen.

---

97 S. auch BVerfGE 24, 119 (135); 31, 58 (67); 62, 323 (329).

98 Vgl. BVerfGE 62, 323 (330): „Die Ehe ist ein öffentliches Rechtsverhältnis . . .“; s. auch *R. Motsch,* Die Konkordatsehe in Italien, 1965, S. 141: „Die Ehe ist die Sicherung der Intimität durch Publizität". – Zutreffend spricht *I. Richter,* AK-GG Art. 6 Rz. 13 von der „Familie im System gesellschaftlicher Arbeitsteilung" z. B. wegen der „Anerkennung bevölkerungspolitischer Zielsetzungen der Familienpolitik" (Rz. 13 a); das Höchstpersönliche-Private darf indes nicht verkürzt werden.

99 Vgl. BVerfGE 6, 55 (71): „Schutz der spezifischen Privatsphäre von Ehe und Familie"; s. auch E 21, 329 (353); ferner die Menschenrechtstexte oben Anm. 69. – Mit Recht sieht *H. Lecheler,* Der Schutz der Familie, FamRZ 1979, S. 1 (4) einen „Grundwert der Familie für Gesellschaft und Staat" in ihrer „eigenständigen Privatheit". – Zur „ehelichen und familiären Privatsphäre" als wesentlichem Element im Schutzbereich des Art. 6 Abs. 1 GG: *D. Pirson,* Bonner Kommentar (Zweitbearbeitung), Art. 6 GG Rd. Nr. 91.

100 Vgl. BVerfGE 10, 59 (84 f.). – Treffend *W. Schmitt Glaeser,* Die Eltern als Fremde, DÖV 1978, S. 629 (633): „. . . ist Familie die *Schule der Personalität* und Basis der kulturellen Pluralität als wichtige Voraussetzung eines auf die Vielfältigkeit der Meinungen und Ideen angewiesenen freien Gemeinwesens".

101 *D. Pirson,* Bonner Kommentar (Zweitbearbeitung), Art. 6 GG, Rd. Nr. 27 f. erarbeitet mit Recht folgende *soziale Funktionen* der Familie: Erziehung, Unterhalt, immaterielle Lebenshilfe. S. auch *Pirson,* in: Essener Gespräche 14 (1980), S. 45 f. (Diskussion): „Was das Verfassungsrecht schützt, ist die sozialrelevante Leistung der Familie". S. auch ebd.: Funktionen im Bereich der (insbesondere immateriellen) Lebenshilfe, Vermittlung von Lebenshilfe als Sinn der Verfassungsgarantie. – Zur Familie als „soziale Funktionseinheit" vgl. den gleichnamigen Beitrag von *F. Oeter,* in: *ders.* (Hrsg.), Familie und Gesellschaft, 1966, S. 1 ff. – Zum „Interesse der Kinder wie der Allgemeinheit", bei dauerndem Versagen der Eltern das Kind in einer anderen Familie unterzubringen: BVerfGE 24, 119 (149).

Die spezifisch verfassungsrechtliche Garantie der Familie in Art. 6 GG ist insofern nicht Selbstzweck. Sie geschieht auch um bestimmter sozialer Aufgaben willen, ohne daß sie darum instrumentalisiert würde. Der höchstpersönlichen, „privaten" Seite der Familie wird nichts genommen: Familie bleibt in ihrem existentiellen Bezug zur Menschenwürde, zur personalen Freiheit des Einzelnen; sie ist eine Form ihrer Erfüllung, aber auch eine Gestalt „ursprünglicher" Vergemeinschaftung in Kultur.

Im Verhältnis zum Staat wird in Art. 6 Abs. 1, 2 S. 2 GG das Subsidiaritätsprinzip erkennbar[102]. Wenn Freiheit irgendwo *nicht* „natürliche Handlungsfreiheit", sondern *kulturell erfüllte* Freiheit ist, so im familiären Bereich. Denn Familie ist Kultur, weil die vielberufene „Natur" des Menschen immer Ausdruck von – wandelbarer – Kultur ist. Auch Familie als vielzitierte *„natürliche* Grundlage" von Staat und Gesellschaft ist eher als *„kulturelle* Grundlage" zu lesen[103]!

Familie „i. S. der Verfassung" besitzt einen Aspekt der Grundrechtsdimension, die der – differenzierte – *status corporativus* meint[104]. Sie ist *eine* Gestalt der vielen Erscheinungsformen von personaler Vergemeinschaftung unterschiedlicher Intensität. „Familie" ist eine Vergemeinschaftung besonderer Dichte; andere Formen zeigen sich z. B. in Gestalt der grundrechtlich geschützten Versammlung (Art. 8 GG) oder des Vereins (Art. 9 GG), nur weniger intensiv.

„Sozialisation" in der Familie[105] ist eine Art „Training": Das Menschenbild des GG, insbesondere die „Gemeinschaftsbezogenheit" sind hierbei Richt-

---

102 Vgl. BVerfGE 10, 59 (83 f.).

103 Vgl. *W. Müller-Freienfels*, Ehe und Recht, 1962, S. 47 treffend für die Ehe: „Die Ehe ist sowohl Natur als auch Kultur, mithin Idee, Wertung und Wert". *Ders.*, ebd., S. 63 f. zu Ehe und Familie als „Ursprungsgemeinschaften".

104 Dazu mein Beitrag „Verbände als Gegenstand demokratischer Verfassungslehre", ZHR 1983, S. 473 (481 ff.); s. auch meine Wesensgehaltgarantie, 3. Aufl. 1983, S. 376 ff. – Die Familie ist aber nicht als solche grundrechtsfähig. Nach BVerfGE 13, 290 (298) können nur natürliche Personen unmittelbar aus Art. 6 Abs. 1 GG ein subjektives Recht herleiten.

105 Zur grundlegenden Bedeutung der Sozialisationsleistung der Familie für die Entwicklung des Kindes (z. B. unter Hinweis auf den 2. Familienbericht der Bundesregierung, 1975): *D. Giesen*, in: FS Bosch, 1976, S. 309 (326). – Zur Familie als „wichtigster Gruppe in unserer Gesellschaft", die als solche ein Höchstmaß von individueller Freiheit bieten kann und zugleich Ort individueller menschlicher Begegnung und Feld der Integration ist", vgl. die Begründung des Gesetzentwurfs zur Reform des Jugendwohlfahrtsgesetzes (1978), zit. nach *H. Lecheler*, FamRZ 1979, S. 1 (7). Der moderne Klassiker der Familiensoziologie *R. König* hat in seinen „Materia-

punkte, ohne daß sie positiv erzwungen werden können. Das BVerfG hat diese Zusammenhänge angedeutet[106]. In „pädagogischer Verfassungsinterpretation" sind sie „fortzusetzen"[107]. Das kulturelle Entsprechungsverhältnis zwischen freiheitlicher Demokratie und Familie hat hier seinen verfassungsstaatlichen Platz[108].

Schließlich wird auch *Familienpolitik* als Ausdruck von „Grundrechtspolitik" legitim: nicht zuletzt zur „natürlichen" und kulturellen Erhaltung von „Volk"[109], auch und gerade im Generationenzusammenhang![110] Auf Dauer kann es sich – anders als z. Zt. die Bundesrepublik Deutschland als einziges Land der Welt – kein Verfassungsstaat leisten, eine negative Bevölkerungsentwicklung aufzuweisen.

---

lien zur Soziologie der Familie" (1946) im Rahmen einer „Wertlehre der Familie" den herausgehobenen Gruppencharakter der Familie erarbeitet: ebd., S. 53 ff., 108 f., 117 ff.; s. auch *H. Schelsky*, Wandlungen, S. 19 zur Familie als „primärer Gruppe" und S. 159 ff. zum „Gruppenindividualismus". Dieser gruppentheoretische Ansatz (ebd. S. 26 f.) hat seine verfassungsrechtliche Ausformung im „status corporativus"!

106 Vgl. BVerfGE 24, 119 (144): „Die Anerkennung der Elternverantwortung ... findet ihre Rechtfertigung darin, daß das Kind des Schutzes und der Hilfe bedarf, um sich zu einer eigenverantwortlichen Persönlichkeit innerhalb der sozialen Gemeinschaft zu entwickeln, wie sie dem Menschenbild des GG entspricht (vgl. BVerfGE 7, 198 [205])."

107 Vgl. oben bei und in Anm. 47.

108 I. S. eines Zusammenhangs von Art. 6 GG und der freiheitlichen demokratischen Grundordnung: *W. Schmitt Glaeser*, Das Elternrecht in staatlicher Reglementierung, 1980, S. 38 f.; s. auch *H. Lecheler*, der Schutz der Familie. FamRZ 1070, S. 1 (5): die Demokratie beruht auf der „sittlich-moralischen Personalität der Staatsbürger", die „vor allem auf dem Boden der Familie" wächst.

109 Trotz des richtigen Satzes aus BVerfGE 48, 327 (339): Art. 6 Abs. 1 GG umfasse „nicht den Schutz der Generationen-Großfamilie", Familie i. S. von Art. 6 Abs. 1 GG bedeute vielmehr grundsätzlich die in der Hausgemeinschaft geeinte engere Familie, das sind die Eltern mit ihren Kindern . . .".

110 Zur kulturell begriffenen Generationendimension mein Münchner Vortrag: Zeit und Verfassungskultur (1981), in: Die Zeit, hrsg. v. A. Peisl/A. Mohler, 1983, S. 289 (333 ff.). – Zum Generationenvertrag als Grundlage des auf dem Sozialstaatsprinzip des GG beruhenden Systems der sozialen Sicherheit jetzt: *W. Zeidler*, Ehe und Familie, in: HdB VerfR 1983, S. 588 ff. – Zu Aspekten des Generationenverhältnisses zuletzt *U. Lehr*, *W. Engels* und *P. Wapnewski*, in: Die Lebensalter in einer neuen Kultur? (hrsg. von R. W. Leonhardt), 1984, S. 21 ff. bzw. 36 ff., 50 ff.

V. Insbesondere: „Familienpolitik" im Verfassungsstaat

Auf dem Hintergrund der Charakterisierung der Familie als „kulturelle Strukturnorm", ihrer Fundierung und Strukturierung als verfassungsstaatlicher Begriff und der Qualifizierung speziell des Art. 6 GG als Grundlagenartikel von konstituiertem Staat und verfaßter Gesellschaft, ist im folgenden das Problemfeld der „Familienpolitik" zu behandeln. Sie macht als Thema und Begriff zunehmend „Karriere": tagespolitisch[111], in den Programmen

---

111 Die Tagespresse wartet fast täglich mit Nachrichten zur „Familienpolitik" auf. „Familie" beherrscht so manche Schlagzeile, international und national: So sieht der im Juli 1984 publizierte 7. Weltentwicklungsbericht der Weltbank angesichts des Zusammenhangs von „Armut und Bevölkerungswachstum" die „Familienplanung" als „einzige Chance der Dritten Welt" an (vgl. FAZ vom 11. Juli 1984, S. 1; FAZ vom 12. 7. 1984, S. 11); so herrscht in der derzeitigen Bonner Regierungskoalition ein Streit um die Anrechnung von Kindererziehungszeiten im Rentenrecht (FAZ vom 4. 7. 1984, S. 1), zugleich wird von einer „neuen Familienpolitik" (*H. Geissler*) gesprochen: der „Familienlastenausgleich" soll massiv verbessert werden (FAZ vom 30. 6. 1984, S. 3), auch kommt es zu einer „Konkurrenz" zwischen Bund und Ländern: Baden-Württemberg möchte (Landes)Erziehungsgeld auch im zweiten Jahr für ein Neugeborenes zahlen (FAZ vom 18. 7. 84, S. 2), schließlich gelten die von der neuen Stiftung „Mutter und Kind – Schutz ungeborenen Lebens" 1984 ausgeschütteten Mittel in Höhe von 50 Millionen DM als „Baustein in der Familienpolitik der Bundesregierung" (so BM *H. Geissler*, FAZ vom 14. 7. 1984, S. 2). Nach Ansicht der FDP-Politikerin *Adam-Schwaetzer* (FAZ vom 24. 7. 1984, S. 1) bedeutet Familienpolitik „mehr als nur das Geld, das von Staats wegen gezahlt wird". Es gehe darum, ein „Bewußtsein zu schaffen, daß Kinder in der Gesellschaft willkommen sind". Der Bayerische Ministerpräsident *F. J. Strauß* nannte in diesen Tagen auf einem familienpolitischen Kongreß in München im Juli 1984 die Familienpolitik „die soziale Frage der Gegenwart" (zit. nach Nordbayerischer Kurier vom 23. 7. 1984, S. 1). Selbst innerhalb der CDU/CSU Koalition kommt es zum „Streit zwischen *Stoiber* und *Geissler* über die Familienpolitik" (FAZ vom 26. 7. 1984, S. 1) und es vergeht kaum ein Tag, an dem in einer der großen Zeitungen Familienpolitik keine Schlagzeile macht (zuletzt FAZ vom 27. 7. 1984: „Frauenpolitik und das Thema Wahlfreiheit zwischen familiären Aufgaben oder außerhäuslicher Berufstätigkeit bzw. kombinierten Lösungen" (FAZ vom 27. 7. 1984, S. 2). S. auch den Streit um „Pro familia" (z. B. in: Die Zeit vom 27. 7. 1984, S. 37) und die Schlagzeile „Strauß sieht ein sterbendes Volk" (FR vom 20. 2. 1984, S. 1). – Unter Hinweis auf die Forderung von *F. J. Strauß* nach aktiver Familienpolitik verlangt jetzt der Kieler Bevölkerungswissenschaftler *H. W. Jürgens* durch Lastenausgleich für Eltern Anreize zu schaffen, Kinder

politischer Parteien und in der Politik ganz allgemein (etwa in: „Familienberichten"), im wissenschaftlichen Schrifttum (zunächst der „Familiensoziologie"), aber auch in theologischen Texten. Inhalte, Funktionen und Grenzen von Familienpolitik speziell im Verfassungsstaat[112] des GG bedürfen einer genaueren Begründung.

1. „Materialien" für die Gestaltung von Familienpolitik im Verfassungsstaat

Normative Direktiven unterschiedlicher „Dichte" gewinnt Familienpolitik aus der *Verfassung*. Es gibt jedoch Materialien, die *nicht*-juristischer Natur

---

großzuziehen: „Warum keine Kopfsteuer?, Jeder Bürger muß zahlen, nur Wehrpflichtige und Kinderreiche nicht", in: Die Zeit vom 3. 8. 1984, S. 40. – S. jetzt den Bonner Grundsatzbeschluß, auf die Renten von Müttern Erziehungszeiten anzurechnen (FAZ vom 10. 8. 1984, S. 1), in dem BM *H. Geissler* die „größte Familienreform" sieht. Zuletzt der CDU/CSU/FDP-Antrag im BT „Für ein neues Konzept zur Familienförderung" (Woche im Bundestag, Ausgabe 13 vom 5. 9. 1984, S. 51).

112 Eine typisierende Darstellung der familienpolitischen Gesetzgebung in der BR Deutschland: *E. Assmann*, Formen und rechtliche Komponenten der Familienpolitik, 1974, S. 52 ff., der auch Eigentumspolitik und die Förderung familiengerechter Wohnungen einbezieht (S. 97 ff.); treffend auch *ders.*, ebd. S. 99 zur Ausbildungsförderung, in der sich Familienpolitik und Bildungspolitik „wechselseitig" ergänzen. Ein Überblick über familienpolitische Maßnahmen unter dem GG zuletzt bei *I. Richter*, AK-GG Art. 6 Rz. 10, 20 f. – Auch in einem Verfassungsstaat wie der *Schweiz* wird „Familienpolitik" viel diskutiert, vgl. den 1982 veröffentlichten Bericht „Familienpolitik in der Schweiz", die Kontroverse um ein „Bundesgesetz über Familienzulagen" (NZZ vom 15. 6. 1984, S. 35); sämtliche 26 Kantone haben Gesetze über Kinderzulagen, teils auch über Ausbildungs- und Geburtszulagen; zu ihrer Durchführung sind rund 800 „Familienausgleichskassen" errichtet worden. Art. 34 quinquies BV gibt dem Bund Kompetenz in Sache Familienpolitik durch Begriffe wie „Bedürfnisse der Familie", Unterstützung von „Bestrebungen zugunsten der Familie" auf dem Gebiet des „Siedlungs- und Wohnwesens" etc. Zu „Rechtsbeziehungen zwischen Eltern und Kindern als Gegenstand des Verfassungsrechts" besonders im Blick auf die Schweiz: *P. Saladin*, in: Familienrecht im Wandel, FS H. Hinderling, 1976, S. 175 ff., mit der bemerkenswerten Erarbeitung eines „Verfassungsstatus der Kinder" (S. 197). Ein Katalog von Maßnahmen der staatlichen Familienförderung in europäischen Ländern (bzw. Verfassungsstaaten) vom Kindergeld über Geburtsbeihilfen, Steuermäßigungen bei Kindern, Berücksichtigung der Familienlasten in der Sozialversicherung, über Lehrmittelfreiheit, Studienbeihilfen, Hilfen bei der Finanzierung von Wohnungen, Beihilfen für den Familienurlaub bis zu Preisermäßigungen und immateriellen Hilfen für die Familie bei *D. Oeter*, in: *ders.* (Hrsg.), Familie und Gesellschaft, 1966, S. 311 f.

sind, aber in die von der Verfassung offengelassenen Gestaltungsräume der Familien*politik* des Gesetzgebers und der anderen staatlichen Funktionen einfließen, ja die selbst die Auslegung der Verfassung und ihre Fortentwicklung vom Verfassungsgewohnheitsrecht über den Verfassungswandel bis hin zur Verfassungsänderung letztlich mit beeinflussen können. Zunächst prägen die Programme politischer Parteien (einschließlich sog. „Familienberichte" der Bundesregierung); die sozialwissenschaftliche Literatur (auch an „Familienberichten" beteiligt) ist ihrerseits „Medium" und „agens", Vermittler und Gestalter familienpolitischer Ziele; und schließlich sind große theologische Texte vor allem der katholischen Kirche Erkenntnisquellen und Zielvorgaben für „Familienpolitik" – sie kommen, wie zu zeigen sein wird, den Klassikertexten aus der politischen Philosophie und Staatslehre in Fragestellungen und Inhalten sogar besonders nahe.

Diesen „Quellen" und Schichten, kurz „Materialien" für Familienpolitik im Verfassungsstaat ist ihre *sozio-kulturelle Qualität* gemeinsam, so sehr sie sich inhaltlich, in ihrem Abstraktionsgrad bzw. in ihrer Konkretheit, ihrem „Atem" in zeitlicher Hinsicht (z. T. kurzfristiger Charakter von Partei- und Wahlprogrammen hier, auf Langzeitwirkung zielender Charakter von Texten katholischer Sozialenzykliken dort) und von ihren Promotoren her unterscheiden. *Wie* sie im einzelnen in der Vergangenheit bei der Formulierung von Familienpolitik „unter dem GG" gewirkt haben, kann hier naturgemäß nicht erforscht werden. Genügen muß der Hinweis, daß sie gemeinsam ein *„kulturelles Kraftfeld"* aufbauen, aus dem Familienpolitik im Verfassungsstaat „wird". Familien*recht* ist ein spezifischer Aggregatzustand dieser von kulturellen Prozessen[113], Promotoren und Inhalten gesteuerten Familien*politik*. Nicht zuletzt die Verfassungstexte selbst werden von den erwähnten „Materialien" her mit Leben erfüllt. Ob im ganzen und wie im einzelnen eher parteipolitische Programme, sozialethische Aussagen der Kirchen und wissenschaftliche Forschungen zur Familie wirken, läßt sich hier nicht sagen. Verfassungsrechtswissenschaftlich thematisierbar und sicher ist nur, *daß* Familienpolitik Anstöße teils von den politischen Parteien gewinnt, die ihrerseits (so bei der CDU/CSU) offen oder verdeckt, bewußt oder unbewußt auf theologische Texte zur Sozialethik zurückgreift, teils aber auch von

---

113 Im Streit um die von der sozialliberalen Bundesregierung 1973/74 betriebene gesetzliche Neuregelung des Rechts der elterlichen Sorge nimmt z. B. *W. Schmitt Glaeser*, Die Eltern als Fremde, DÖV 1978, S. 629 (630 mit Anm. 12) auf eine Stellungnahme des Zentralkomitees der deutschen Katholiken Bezug; *D. Giesen*, JZ 1982, S. 817 (825 Anm. 147) erinnert an eine Bibel-Stelle. S. auch die Berufung auf eine Erklärung von katholischer Seite bei: *D. V. Simon*, Die Reform des Rechts der elterlichen Sorge, in: Essener Gespräche Bd. 14 (1980), S. 128 (Fußnote 2).

den Sozialwissenschaften her beeinflußt wird, die z. B. einen sog. „Familien-bericht" der Regierung mit gestalten.

Auch sonst stehen die drei erwähnten Kategorien von „Materialien" nicht nebeneinander. So mancher familienpolitische Programmsatz einer Links-partei geht letztlich auf wissenschaftliche Klassikertexte eines *K. Marx* und *F. Engels* zurück, andererseits steht die „Familien*rechts*wissenschaft"[114] ihrer-seits in diesem Geflecht von Klassikertexten, Sozialethiken und Parteipro-grammen. Selbst von familiensoziologischen „Klassikern" eines *R. König* und *H. Schelsky* bleibt sie nicht unbeeindruckt. Kurz: das letztlich nur kultur-wissenschaftlich greifbare „Material" für Familienpolitik verlebendigt sich in einer „konzertierten" (gelegentlich auch „dekonzertierten") Aktion vieler Beteiligter, die aus mannigfachen unterschiedlichen, aber auch miteinander verbundenen „Quellen" schöpfen. Nachstehend geht es weniger um sach-liche Einzelheiten der Familienpolitik als um idealtypische und realtypische Klärungen: die offene Gesellschaft der Familienpolitiker und ihr gestalten-des und rezipierendes Zusammenwirken[115].

a) Familienpolitik im Spiegel der Programme bundesdeutscher politischer Parteien

Im folgenden seien nur einige Stichworte zur Familienpolitik aus den Pro-grammen politischer Parteien der BR Deutschland erarbeitet; soweit mög-lich auch in ihrem Wandel. Dieses Feld familienpolitischer „Vorgaben" dürfte schon deshalb besonders reizvoll sein, weil hier, wohl weit mehr als in der Wissenschaft, Divergenzen besonders hart aufeinander stoßen. Gerade in einem Verfassungsstaat mit seinem Vielparteiensystem ist *Konfrontation* in der politischen Programmatik der Parteien ein Lebenselixier. Die *Integra-tion* hat dann der politische Gesamtprozeß zu leisten. An ihm haben auch die Wissenschaften einen gewissen Anteil. Die Familienprogrammatik poli-

---

114 Zum Familienrecht als „interdisziplinärem Fach" zuletzt: *F. W. Bosch*, Ehe und Familie in der BR Deutschland – Grundfragen der rechtlichen Ordnung, 1983, S. 3. – S. auch *F. W. Bosch*, ebd. S. 6: „Ehe und Familie haben selbstverständlich auch mit Ethik zu tun, mit der Werteordnung, in der die Bürger eines Landes leben. Die Ein-richtung der Ehe ... gehört gewiß zu den *Grundwerten*, die ... auch für die Gesell-schaft, für die bürgerliche Gemeinde und den Staat bedeutsam sind". Der Bezug zur Grundwerte-Debatte ist offenkundig; dazu *P. Häberle*, Erziehungsziele und Orien-tierungswerte im Verfassungsstaat, 1981, S. 19 ff.
115 Dieser kulturwissenschaftliche, mehrere Schichten von Texten und zugleich viele Beteiligte ins Spiel bringende Ansatz wurde vom Verf. zuletzt erprobt für das Eigen-tum als verfassungsrechtlichen Begriff: *P. Häberle*, Vielfalt der Property Rights und der verfassungsrechtliche Eigentumsbegriff, AöR 109 (1984), S. 36 ff. (bes. S. 50 f., 51 ff., 59 ff.).

tischer Parteien ist ein besonders dynamischer „Rohstoff" für familienpolitische Fragestellungen und Antworten. So „kurzatmig" sie oft sein mag, so wirksam und unmittelbar kann sie Familienpolitik und -recht gestalten, während Klassikertexte eines *Montesquieu* oder *F. Engels* vieler „vermittelnder" Vorgänge und Instanzen bedürfen, um „familiär" zu wirken.

aa) In den Programmen[116] der *CDU* haben Familie und Familienpolitik von Anfang an ihre zentrale Bedeutung. Schon in der 2. Fassung der *Kölner Leitsätze* (1945) heißt es in Ziff. 6 – offenbar unter dem Einfluß der katholischen Soziallehre –: „Die Familie ist die Grundlage der sozialen Lebensordnung. Von Natur aus hat sie ihre eigenen Rechte, die unter dem besonderen Schutz des Staates stehen." Im *Berliner Programm* (2. Fassung, 1971) taucht wohl erstmals der Begriff „Familienpolitik" auf mit Stichworten (in Ziff. 91) wie „Die Familie ist die erste und wichtigste Gemeinschaft für den Menschen, für die Gesellschaft und für den Staat, ... Leitbild unserer Familienpolitik ist die partnerschaftliche Familie". In Ziff. 92 wird ein ganzes Bündel zum „Familienlastenausgleich" aufgezählt, der „zusammen mit der Ausbildungsförderung die Chancengleichheit der Kinder" gewährleisten soll[117].

In der *Mannheimer Erklärung* (1975) finden sich sowohl parteipolitische Bekenntnisse[118] als auch wissenschaftliche Erkenntnisse[119] und familienpolitische Folgerungen[120].

Im *Grundsatzprogramm* der CDU von 1978 *intensiviert* sich das parteipolitische Engagement für die Familie. Schon im Abschnitt „Grundwerte" bzw. Freiheit heißt es in Ziff. 18: „Der Bürger soll Freiheit in der Familie, Nach-

---

116 Alle Programme sind zit. nach *R. Kunz/H. Maier/T. Stammen*, Programme der politischen Parteien in der BR Deutschland Bd. I, 3. Aufl. 1979, Bd. II, 3. Aufl. 1979 und *H. Heppel/G. Hirscher/R. Kunz/T. Stammen*, Erg. Bd. 1983.

117 Als Grundsätze sind z. B. genannt: „Die Ausgleichsleistungen für Kinder müssen in allen Einkommensschichten gleich hoch sein", „Der soziale Wohnungsbau muß familiengerecht und zugunsten junger Familien weitergeführt werden". In den Passagen zur „Frau in der Gesellschaft" (Ziff. 93) findet sich der Satz: „Die Frau muß frei entscheiden können, ob sie sich der Aufgabe in Familie und Haushalt zuwenden oder außerdem ganz oder teilweise berufstätig sein will". Auch dies ist im Grunde eine familienpolitische Zielsetzung mit Auswirkung auf die Arbeitspolitik.

118 Bekenntnishafte Feststellung ist der Satz: „Die Familie ist als Lebens- und Erziehungsgemeinschaft der wichtigste Ort individueller Geborgenheit und Sinnvermittlung".

119 Vgl.: „Ihre Funktionsfähigkeit wird gegenwärtig geschwächt".

120 Vgl. das „Ziel der Stärkung der Familie und – wo erforderlich – ihre Unterstützung bei der Erfüllung ihrer Aufgaben". Ausdrücklich ist der enge Zusammenhang zwischen „unserer Familienpolitik" und „unserer Politik für die Frau" hergestellt, umrissen als Gebot, die „Gleichberechtigung von Mann und Frau" in „allen Bereichen des Lebens uneingeschränkt zu verwirklichen".

barschaft, Arbeitswelt und Freizeit sowie in Gemeinde und Staat erfahren und verwirklichen"[121].

In Ziff. 36 ist die Familie bemerkenswert offen und nicht nur „privat" konzipiert[122]. Zugleich wird der Bogen geschlagen zur freiheitlichen Ordnung:

„Die Familie gestaltet ihr Zusammenleben in eigener Verantwortung. Sie reicht jedoch in ihrer Bedeutung über das Private hinaus. Sie prägt auch das gesellschaftliche Verhalten ihrer Mitglieder. Sie soll sich nicht abkapseln, sondern offen sein für ihre Verantwortung im Gemeinwesen, denn unsere freiheitliche Ordnung ist auf die Bereitschaft zur Übernahme von Verantwortung angewiesen."

Einen solchen wissenschaftlich fundierten Satz in einem Parteiprogramm zu lesen, mag überraschen. Er zeigt aber auch, wie stark die „Verwissenschaftlichung" der Familie fortgeschritten ist und wie eng Familienpolitik und Familienwissenschaften zusammenwirken. So entpuppen sich Parteiprogramme als mehr denn bloß „*vor*wissenschaftliches Material"[123].

Eindeutig *bevölkerungspolitische* Perspektiven (im Abschnitt über Familie bzw. Entfaltung der Person!) finden sich in Sätzen wie (Ziff. 38):

„... erbringen Familien, die ihre Kinder zu Hause erziehen... damit eine Leistung für die Gemeinschaft. Familienleistungen müssen als Beitrag zum Generationenvertrag anerkannt werden... Daher gehört auch Familienlastenausgleich zur Familienpolitik. Wer den Familien soziale Gerechtigkeit verweigert, beschneidet die Freiheit, sich ohne unzumutbare Benachteiligung für Kinder zu entscheiden. Der dramatische Rückgang der Bevölkerung gefährdet die Existenzgrundlage kommender Generationen."

---

121 Im Abschnitt „Entfaltung der Person" finden sich viele Sätze zu Familie und Familienpolitik. Bei näherer Betrachtung erweisen sie sich als Wiederholung und Konkretisierung des GG (Ehe und Familie „stehen unter dem besonderen Schutz unserer Verfassungsordnung"), als weltanschaulich-kulturelles „Bekenntnis" („Ehe und Familie haben sich als die beständigsten Formen menschlichen Zusammenlebens erwiesen", „Die Familie ist als Lebens- und Erziehungsgemeinschaft der erste und wichtigste Ort individueller Geborgenheit und Sinnvermittlung") und als Formulierung von Prämissen von und Folgerungen für „Familienpolitik" („unsere Familienpolitik geht von der Ehe als einer Gemeinschaft aus, die auf Lebenszeit und Partnerschaft angelegt ist"; „Jedes Kind hat ein Recht auf seine Familie, auf persönliche Zuwendung, Begleitung und Liebe der Eltern, denn die Entwicklung des Sprach- und Denkvermögens, personale Eigenständigkeit und Gemeinschaftsfähigkeit, Wert- und Verantwortungsbewußtsein hängen wesentlich von der Erziehung in der Familie ab"). Gerade diese Begründung könnte sich auch in familienrechtlichen Abhandlungen finden!

122 Anders demgegenüber die „Diskussionsthesen" *Schelskys*, unten bei Anm. 142 f.

123 Sehr konkrete familienpolitische Maßnahmen lauten z. B.: die „erzieherischen Kräfte der Familie" fördern und stärken, „neben finanziellen Familienhilfen Angebote der Vorbereitung auf Ehe und Familie, Familienbildung und Erziehungsberatung", besondere Hilfen für kinderreiche Familien.

Die *Komplexität* der familien- bzw. bevölkerungspolitischen Probleme wird in Ziff. 39 greifbar:

„Dem Bevölkerungsrückgang entgegenzuwirken, ist nicht nur eine Aufgabe des Familienlastenausgleichs, sondern vor allem einer veränderten Einstellung zum Kind. Wir setzen uns daher für eine familien- und kinderfreundliche Haltung in unserer Gesellschaft ein. Dies umfaßt eine Fülle von Maßnahmen, die von der Städtebaupolitik über familiengerechte Wohnungen, Bereitstellung von Kindergärten und Kinderkrankenhäusern bis zu den sozialen Diensten und Arbeitszeiten reichen."

Im Abschnitt Sozialordnung (Ziff. 98) figuriert die Familie unter den „Aufgaben einer am Menschen orientierten Sozialpolitik" („sozialer Ausgleich vor allem für die Familie") ebenso wie sie in der Formulierung der „neuen sozialen Frage" erscheint (Ziff. 100: „Die Nichtorganisierten, alte Menschen, Mütter mit Kindern . . . sind den organisierten Verbänden im Verteilungskampf . . . unterlegen"). In Ziff. 110 („Partnerschaft zwischen Mann und Frau über den Bereich von Ehe und Familie hinaus auch in der Arbeitswelt") findet sich der zentrale Satz: „Familienleistungen der Frau müssen ebenso als Beitrag zum Generationenvertrag anerkannt werden wie Beitragszahlungen aus Erwerbseinkommen". Er hat seine Entsprechung in Ziff. 113 („Die jeweils arbeitende Generation sorgt durch ihre Beiträge für die Sicherung des Einkommens der nicht mehr arbeitenden Generation und durch Kinder (!) für den Bestand der Gemeinschaft"). Damit hat die Familienpolitik ihre Berührungsangst vor der Bevölkerungspolitik dank des Paradigmas des Generationenvertrags verloren! Der Zusammenhang der Familienpolitik mit anderen Politiken zeigt sich trefflich in dem Satz (in Ziff. 110): „Familienpolitik muß arbeitsmarktpolitisch ergänzt werden . . .".

Zur „Entwicklungsgeschichte" familienrechtlicher und -politischer Aussagen in den Programmen der CDU läßt sich *zusammenfassend* sagen: Die Familie und die sie betreffenden „Politiken" nehmen einen immer breiteren Raum ein. Die einschlägigen Passagen sind eine Kombination von „weltanschaulichen" und konfessionellen, zur katholischen Soziallehre[124] führenden „letzten" Aussagen und Bekenntnissen, von Rezeptionen grundgesetzlicher Prinzipien (vor allem Art. 6 Abs. 1, Art. 3 Abs. 2, „soziale Gerechtigkeit" bzw. Art. 20 Abs. 1) und von wissenschaftlichen, teils familien*soziologischen*, teils *rechts*wissenschaftlichen Erkenntnissen, aus denen vielfältige familienpolitische Folgerungen gezogen werden. Selbst das Sozialrecht wird in Gestalt des Generationenvertragsmodells sehr grundsätzlich eingeführt. Die CDU hat die bislang detaillierteste und „vielseitigste" Programmatik zum Problem der Familie entworfen. Das zeigt ein Blick auf die Programme der übrigen Parteien.

---

124 Dazu unten bei Anm. 146 ff.

bb) Die *CSU* formuliert in ihrem *Grundsatzprogramm von 1946* ebenso bündig wie alle „Schichten" möglicher Aussagen zu Familie und Familienpolitik erfassend (unter dem Stichwort „Sozialordnung"):

„1. Die Familie ist die Urzelle und Quelle des Volkes: Wir fordern weitgehende staatliche Unterstützung der Existenz- und Familiengründung bei allen Ständen und Berufen ...

2. Gesunde Familien sind die Vorbedingungen für ein entwicklungsfähiges Volk: Wir verlangen umfassende Maßnahmen des Staates für die Volksgesundheit, vor allem den Bau gesunder Wohnungen! ...

3. Die seelisch gesunde Familie ist die Quelle der moralischen Kraft eines Volkes: Wir fordern jeden nur möglichen staatlichen Schutz des Familienlebens ..."[125].

Im Grundsatzprogramm der CSU von 1976 schließlich finden sich lange Passagen zu Familie und „Familienförderung", die in dem Satz gipfeln:

„Die Familie ist die erste und wichtigste Lebensgemeinschaft in Gesellschaft und Staat. Die Förderung der Familie, auch der Teilfamilie (!), ist die wirksamste Form aller Sozialpolitik (!), weil die Familie unersetzbare Leistungen für die Gesellschaft erbringt und für die besten Lebensbedingungen des einzelnen die Grundlage schafft."

Damit ist Familie ganz in die Persönlichkeitsentwicklung einerseits, die Gesellschaft, Staat und Volk-Reihe andererseits eingebaut[126].

Inkurs: Wahlprogramme der CDU/CSU (1980/83)

Betont kämpferisch setzt das *Wahlprogramm* der *CDU/CSU* (1980) gerade bei der *Familienpolitik* an und zwar auf allen Ebenen der Argumentation:

---

125 Im *Grundsatzprogramm 1957* heißt es u. a. (sub. „Sozialordnung"): „2. Der gottgewollte Baustein einer gesunden Gesellschaft ist die Familie ... Deshalb stellt die CSU die Familie in den Mittelpunkt der Sozialreform". In Ziff. 3 werden dann familienpolitische Folgerungen gezogen wie „familiengerechter Wohnungsbau", „Verwurzelung" der Familie durch staatliche geförderte Ansiedlung und Haus- und Wohnungseigentum.

126 „Die Solidargemeinschaft, die letztlich von den gesellschaftragenden Funktionen der Familie lebt, muß bereit sein, diese Leistungen anzuerkennen und finanziell zu unterstützen" (ebd.).

Staatsphilosophie und Menschenbild kommen zu ihrem Recht in den Worten: „Nach unserem Verständnis von Menschen, Gesellschaft und Staat hat die Familie eine überragende Stellung", das Grundgesetz wird als Autorität beschworen in dem Satz: „Deshalb hat das GG Ehe und Familie, die für uns nicht Leistungseinheit und Zufallsgemeinschaft sind, unter den besonderen Schutz des Staates gestellt" sowie „SPD und F.D.P. waren unfähig oder nicht willens, diesem Verfassungsauftrag gerecht zu werden"; schließlich wird die niedrige Geburtenziffer in der Bundesrepublik beklagt („Die SPD/F.D.P.- Koalition hat Familien und Kinder links liegen lassen"). Aus diesem Ansatz ergibt sich die Folgerung: „Wir werden diese familienfeindliche Politik beenden und zu einer moralischen wie politischen Offensive für die Familie antreten." Das Wahlprogramm beklagt das „konkrete familienpolitische Versagen von SPD und F.D.P." und das Defizit an „angemessener Verfassungspolitik" in Sachen Ehe und Familie[127].

Damit wird das GG und die Erfüllung seiner Verfassungsaufträge zu Ehe und Familie ausdrücklich zum Gegenstand parteipolitischen Kampfes. Zugleich ist Familienpolitik in die ganze Bandbreite der Parteiprogrammatik gestellt.

Das Wahlprogramm der CDU/CSU (1983) formuliert seinem Zweck entsprechend familienpolitische Absichten noch konkreter, ohne doch die Grundlinien „ausgereifter" Parteiprogrammatik zu verlassen[128]. Sehr konkret werden mehr familiengerechte Wohnungen gefordert, die ein „Zusammenleben mehrerer Generationen ermöglichen" – damit wird das Generationenparadigma in die Familie hineinprojiziert! Der Satz: „Wir halten es für falsch, immer mehr soziale Aufgaben, die in der Familie geleistet werden können, nur auf staatliche und andere Institutionen zu verlagern", bringt mittelbar zum Ausdruck, *daß* die Familie soziale Aufgaben erfüllt. Familienpolitik auf ganzer Breite ist schließlich in dem Passus gefordert: „Unsere freiheitliche Gesellschaft kann Männern und Frauen kein Leitbild vorschreiben, sie muß vielmehr die Voraussetzungen schaffen, daß Aufgaben in der Familie ebenso wie eine Erwerbstätigkeit anerkannt werden . . .".

---

127 Die geplanten familienpolitischen Vorhaben sind u. a. Erziehungsgeld, „familienfreundliches Steuerrecht", „Familien-und kinderfreundliche Städteplanung und Dorfentwicklung".

128 Verbesserung des Familienlastenausgleichs, z. B. durch „familienfreundliche Ausgestaltung des Steuerrechts durch ein Familiensplitting", „Leitbild unserer Politik ist die partnerschaftliche Familie", „In der Familie lernen die Menschen Tugenden und Verhaltensweisen, die unserer Gesellschaft ein menschliches Antlitz geben: Liebe und Vertrauen, Toleranz und Rücksichtnahme, Opferbereitschaft und Mitverantwortung" – damit erfolgt eine *Parallelisierung* zwischen Lern- und Erziehungszielen in der Familie *und* Gesellschaft!

cc) Während die CDU/CSU bei der *Familie* ansetzt und dann die *Frau* im Rahmen einer Familienpolitik behandelt bzw. gleichstellt, liegen die Akzente bei der *SPD* von vornherein anders. Hier dürfte ein Erbteil von *Marx/Engels* wirksam geblieben sein[129].

Eine stärkere Hinwendung zur Familie zeigt sich erst im *Godesberger Programm* (1959) im Abschnitt „Frau – Familie – Jugend". Hier ist zwar auch die Gleichberechtigung der Frau der „Einstieg", doch dann wird eine Ausstrahlungswirkung des Art. 6 GG erkennbar in den kraftvollen Sätzen:

„Staat und Gesellschaft haben die Familie zu schützen, zu fördern und zu stärken. In der materiellen Sicherung der Familie liegt die Anerkennung ihrer idealen Werte. Ein Familien-Lastenausgleich im Steuersystem, Mutterschaftshilfe und Kindergeld sollen die Familie wirksam schützen."

Im *Ökonomisch-politischen Orientierungsrahmen für die Jahre 1975 bis 1985* (von 1975) ist von Familie zunächst nur beiläufig die Rede (z. B. sub 4.: „Städte sind zugleich Stätten . . . des Familien- und Privatlebens"), während die Gleichstellung der Frauen als „alte, aber immer noch nicht voll verwirklichte Forderung der Sozialdemokratie" herausgestellt wird. Die Gleichstellung der Frau gerät zum großen Schlußthema (unter 4.6.), und hier kommt dann die Familie nur als „Bereich" ins Blickfeld und zwar von verschiedenen Seiten aus: z. B. von ihren „Erziehungsaufgaben" her mit dem Zusatz, sie sei von „Aufgaben zu entlasten, die kooperativ oder öffentlich besser erfüllt werden können"[130].

Eine neue – grundrechtliche – Dimension gerät ins Blickfeld in dem Satz: „Über die gegenwärtige Reform des Familien- und Eherechts hinaus müssen Gesetz und Rechtsprechung ständig darauf überprüft werden, ob sie ein

---

129 Oben Anm. 29 bis 31. – Im *Aktionsprogramm der SPD 1952/*54 figuriert Familie zunächst *nicht* als eigener Abschnitt, dann ist unter dem Stichwort „Gesunde Wohnungen für alle" von der Bedarfsdeckung bei „Familien mit Kindern" die Rede, später finden sich unter dem Stichwort „Frau und Familie" konkrete Forderungen wie: Reform des Ehe- und Familienrechts, gleiche berufliche Aufstiegschancen für Mann und Frau, Mutterschutz oder Aussagen wie: „Ohne menschenwürdige Wohnungen gibt es keine gesunden Familien".

130 Das Zusammenwirken von Familie und Staat/Gesellschaft wird greifbar in dem Satz: „Erziehungsleistung und die Pflege kranker oder alter Familienmitglieder ist als gesamtgesellschaftlich notwendige Aufgabe anzuerkennen und rentenrechtlich abzusichern". Gefordert ist eine „familienergänzende Erziehung durch ein differenziertes, öffentliches Angebot" wie Tageseinrichtungen etc. – In der SPD besteht eine „Arbeitsgruppe Familienpolitik beim Parteivorstand." In ihrem Rahmen hat *E.-W. Böckenförde* ein Thesenpapier „Steuergerechtigkeit und Familienlastenausgleich" vorgelegt (FR vom 24. 10. 1983, S. 14).

Optimum an Entfaltungsmöglichkeiten aller Familienmitglieder – fußend auf gleichen Menschenrechten für Kinder, Frauen und Männer – bieten." Damit setzen sich Kindesgrundrechte in der Familie durch, wie sie etwa in der neuen Verfassung Portugal nachweisbar sind! Anders formuliert: der Menschenrechtsgedanke wird in die Familie hineingetragen.

dd) Die *FDP* hat Familie und Familienpolitik in ihrer Parteiprogrammatik erst spät „entdeckt". In den *programmatischen Richtlinien von 1946* fehlen sie[131]; ebenso in den *Freiburger Thesen der Liberalen* (1971). Erst das *Wahlprogramm* der FDP für die Bundestagswahlen 1980 füllt hier eine „Lücke". Unter der Überschrift „Bedingungen der Menschlichkeit: Gleiche Chancen bei gesellschaftlicher Vielfalt" finden sich Aussagen, die ähnlich wie bei den anderen Parteien – von diesen vielleicht beeinflußt? – teils Grundsatzbekenntnissen gleichen („Grundlage des menschlichen Zusammenlebens ist die Familie"), teils Berufungen auf das GG (. . . „steht unter dem besonderen Schutz des Staates"), teils Familienpolitik sind („Verbesserung der Familiensituation eine der wichtigsten Aufgaben der Gesellschaft", Verbesserung der „Bedingungen für eine kinder- und familienfreundliche Umwelt")[132].

Neue und eigene Akzente setzt die FDP unter dem Motto: „Das Leben frei gestalten." Dabei mischen sich politische Forderungen, sozialwissenschaftliche Feststellungen und rechtliche Aussagen. Der Begriff „Familienpolitik" taucht jedoch soweit ersichtlich erstmals jetzt in der FDP programmatisch auf[133].

Wenn das Programm formuliert: „Als Familie gelten über die herkömmliche Form hinaus ein oder mehrere Sorgeberechtigte mit einem oder mehreren Kindern", so ist hier tendenziell die Rechtsprechung des BVerfG zum Begriff „Familie"[134] aufgenommen! Eine fast *aggressiv offene* Familienpolitik zeichnet sich in dem Satz ab:

---

131 Dort ist nur der Satz auffindbar: „Schule und Kirche müssen zusammenarbeiten mit dem Elternhaus, um das Verständnis der heranwachsenden Generationen für den Glauben der Väter und die Grundlagen unserer ganzen abendländischen Kultur wieder lebendig zu machen".

132 Ohne ausdrückliche Berufung auf bevölkerungspolitische Notwendigkeiten heißt es: „Dabei soll es den Familien erleichtert werden, nach der Geburt eines Kindes mit dem dann besonders intensiven Betreuungsaufwand fertig zu werden".

133 „Für die F.D.P. ist Familienpolitik Bestandteil einer umfassenden Gesellschaftspolitik. Sie ist Politik für ein freies gleichberechtigtes Zusammenleben von Frauen, Männern und Kindern. Die F.D.P. will der Familie in allen Lebensbereichen Hilfen bieten, um ihre Lebensfähigkeit und Erziehungskraft zu stärken".

134 Dazu oben Anm. 83.

„Familienpolitik aus liberaler Sicht muß angesichts sich wandelnder Lebensverhältnisse für neue Formen und Inhalte offen sein… Alleinerziehende Elternteile, Wohngemeinschaften … sind Beispiele für neue, verbreitete Lebensformen. – Die Familienpolitik der F.D.P. zielt ab auf eine familien- und kinderfreundliche Umwelt."

ee) Das Bundesprogramm der *Grünen* (1980) entwirft keine direkte „Familienpolitik"; es setzt vielmehr eine „linke" Tradition in Deutschland in der Weise fort, daß die Stellung der Frau verbessert werden soll[135].

b) Familienpolitik in der sozialwissenschaftlichen Literatur

Die sozialwissenschaftliche Literatur hat als „Familiensoziologie" die Fülle ihrer Erkenntnisse nicht nur um ihrer selbst willen erarbeitet. Die Publizität der Forschungen eines *R. König* und *H. Schelsky* strahlt unabhängig von den Zielen ihrer Schöpfer weit in den politischen Raum hinein, sie wirken auch auf andere Wissenschaften, insbesondere auf die Familienrechts-und die Verfassungsrechtswissenschaft, soweit sie sich mit der Familie beschäftigt[136]. Selbst dort, wo die Familiensoziologie nicht ausdrücklich eine bestimmte Familienpolitik formuliert und gestalten will, wirkt sie im Ergebnis familien*politisch*. Der Kenner wird unschwer sehen, wie stark „Familienpolitik" seitens der Sozialwissenschaften schon bisher gewirkt hat[137]. Im folgenden sollen indes nur die Forschungsergebnisse stichwortartig erwähnt werden, die schon *erklärtermaßen* „Familienpolitik" sein wollen. Der Verfassungsrechtler wird sich zu fragen haben, wie diese „Familienpolitik" auf dem Forum des Verfassungsstaates bzw. des GG einzuordnen ist.

---

135 Z. B.: „In der Erziehung in Schule und Familie werden auch heute noch immer qualitative Unterschiede gemacht. Mädchen werden auf „ihren Bereich", das Haus und die Familie, die Jungen auf … Beruf und Gesellschaft vorbereitet". Die „Arbeit in Haushalt und Erziehung" soll für die „Frau oder Mann als voll entlohnter Beruf mit Rentenanspruch anerkannt" werden.

136 Die Verfassungsrechtswissenschaft „in Sachen Familie" systematisiert die Beiträge vieler Politiker, Klassiker, Wissenschaftler und anderer Disziplinen zur Familienpolitik in der skizzierten Weise *funktionell*. Das kann jedoch nicht verdecken, daß sie als „interdisziplinäre" Kraft ihrerseits von den anderen Wissenschaften mit beeinflußt wird. Sie orientiert sich auch an Klassikertexten aller Art und dürfte wegen der unterschiedlichen Vorverständnisse ihrer eigenen Wissenschaftler selbst von Parteipolitiken nicht gänzlich frei sein. Nur ist die Offenlegung solcher „Abhängigkeiten" Postulat!

137 *Schelsky*-Zitate z. B. bei *D. Pirson*, Bonner Kommentar (Zweitbearbeitung), Art. 6 GG, RdNr. 26 Fußnote 41. – Differenziert zur „Soziologenthese" von der Umwertung der Familie von einer objektiven, überpersonalen Institution zu einer „subjektiven, personalen Intimgruppe": *W. Müller-Freienfels*, Ehe und Recht, 1962, S. 39 f.

44

R. Königs Forschungsarbeiten zur Familiensoziologie erwuchsen aus der praktischen Aufgabe, „den Gegenvorschlag des (schweizerischen) Bundesrates zur Familienschutzinitiative soziologisch zu unterbauen"[138]. Das war 1943/44. Schon bei der „Geburt" der Familiensoziologie war also ein eminent *politischer* Kontext erkennbar. Familiensoziologie erweist sich als Helfer der Familienpolitik. Die Abhandlung „Rationale Familienpolitik in einem demokratischen Lande"[139] zeigt dies besonders klar[140]. *König* bekennt sich zur „Freiheit der Elternschaft" und zum Gedanken, daß eine Vergrößerung der Familie nicht eine Erniedrigung des Lebensstandards notwendig nach sich zieht. *Ziele* und *Mittel* der Bevölkerungspolitik sind wie bei der schwedischen Autorin *A. Myrdal* so auch bei *König* letztlich vom Boden einer freiheitlichen Demokratie aus formuliert[141].

H. Schelsky formuliert in seinem erfolgreichen Buch „Wandlungen der deutschen Familie in der Gegenwart", 3. Aufl. 1955 (5. Aufl. 1967), S. 32 ff., ausdrücklich einen Abschnitt „Familien- und Bevölkerungspolitik", er geht auf die abschreckenden Gegenbeispiele sowjetrussischer und nationalsozialistischer Familienpolitik ein und bewertet das Modell Schweden positiv im Kontext der Verfassung des Landes in den Worten: „einer demokratischen Haltung der Familie entspricht es, daß die Ehepartner das Selbstbestimmungsrecht über die Anzahl der Geburten haben" (S. 36). Auch dies ist eine familiensoziologische Aussage *und* ein familienpolitisches Postulat, das spezifisch dem *Verfassungs*staat entspricht! *Schelskys* „wertendes Eintreten" für die Familie als Institution beruht erklärtermaßen darauf, daß „der Bestand unserer Kultur von der Dauerhaftigkeit abhängt, mit der sich das Menschentum immer erneut institutionell in Form zu bringen versteht" (S. 42). Sein „Humanismus" wurzelt so letztlich im *Kulturwert* der Familie.

---

138 So *R. König*, Vorwort zu *ders.*, Materialien zur Soziologie der Familie, 1946, S. 1.
139 AaO, S. 165 ff.
140 *R. König* nimmt auf *A. Myrdal*, Nation and Family. The Swedish Experiment in Democratic Family and Population Policy, London 1945 bezug und will – wie die Autorin – alle Bevölkerungspolitik ausschalten, die „im Zeichen irgendeines nationalen Mystizismus" steht.
141 Rationale Bevölkerungspolitik müsse von den „herrschenden Wertvorstellungen" ausgehen, „die in einem demokratischen Lande andere seien als in der Diktatur"; es entspreche „demokratischer Tradition", wenn die Mittel primär nicht in bloßer Propaganda, sondern auch in der durchdachten und weitläufig verzweigten Erziehungsaktion gesucht würden; da das „weibliche Recht auf Arbeit" nicht mehr aus der Welt geschafft werden könne, müßten der arbeitenden Frau alle Möglichkeiten zur Heirat und zur Begründung einer Familie mit Kindern gegeben werden.

Noch stärker in den tagespolitischen Raum greifen die beiden im Anhang zu seinem Buch abgedruckten Arbeiten ein: „Der Irrtum eines Familienministers" und „Die staatliche Förderung des Familiengedankens in der Öffentlichkeit – Diskussionsthesen"[142]. Formuliert ist dort die – anfechtbare – These: „Übt der Staat jetzt seine Familienlastenausgleichspolitik in der Weise aus, daß er diese familienautonome Anpassung des Fortpflanzungsverhaltens (d. h. die Beschränkung der Geburtenzahl) hindert und nicht anerkennen will, so treibt er keine Familienpolitik, sondern in Wirklichkeit Bevölkerungspolitik"[143]. M.E. lassen sich jedoch im Verfassungsstaat Familienpolitik und Bevölkerungspolitik nicht trennen[144]. Unter 3) formuliert *Schelsky* Politiken, die er weniger aus Art. 6 GG zu gewinnen scheint und die er offenbar eher von außen an die Familie hergetragen sieht, aber für legitim hält[145].

Die Frage ist, ob hier nicht das komplexe Interessengeflecht verkannt wird, in dem Familie aus der Sicht der *ganzen* Verfassung von vornherein steht.

---

142 AaO, S. 376 ff. bzw. 390 ff.

143 AaO, S. 388.

144 *Schelsky* präzisiert die „verfassungsrechtliche Aufgabe, Ehe und Familie unter den besonderen Schutz und die Förderung des Staates zu stellen" wie folgt (unter 2.): a) Schutz und Förderung der Freiheit der Person in ihrer Privatsphäre und Intimität; Garantierung, ja Stärkung des organisationsfreien Lebensbereiches des Menschen im Schoß der Familie. In dieser Hinsicht obliegt dem Staat geradezu die Abschirmung der Familie gegenüber dem immer stärkeren Eindringen von Organisations- und Verwaltungsakten in das innere Leben der Familie; b) Schutz und Förderung der Familie in ihren überfamiliären rechtlichen und materiellen Grundlagen, soweit diese vom Bereich der öffentlichen Ordnung, d. h. durch Gesetz und seine Ausführungen gestaltet werden (familiengerechte Sozialpolitik, Wirtschaftspolitik, Wohnungspolitik, Regelung des Familienrechts usw.).

145 „Als Sachwalter des Schicksals des gesamten Volkskörpers vertritt der Staat aber weiterhin gewisse Ansprüche der Gesamtheit gegenüber der Familie als der Erzeugung und Erziehung der nachwachsenden Generationen, als Grundlage der Arbeits- und Berufshaltung der Menschen, als Verbrauchergemeinschaft, als die für die Volksgesundheit wesentliche Institution usw. Diese Ansprüche der Gesamtheit gegenüber den einzelnen Familien, die der Staat als Sachwalter einer zukünftigen öffentlichen Ordnung und Stabilität des Volkes vorzunehmen hat, legitimieren seine Bevölkerungspolitik, Erziehungspolitik, Arbeitspolitik, Wirtschaftspolitik, Wehrpolitik usw. gegenüber den Individual- und Privatinteressen der einzelnen Familien" (aaO. S. 390). – Im übrigen kommt es in diesem Zusammenhang nicht auf die bibliotheksfüllenden familiensoziologischen Grundauseinandersetzungen und die Einschätzung des Wandels der Familie von der Drei-Generationen-Familie zur heutigen Kleinfamilie und ihrer (kulturellen) Bewertung an, auch wenn dieser Wandel sich auf die Art der Familienpolitik auswirken kann. Weitere Lit. oben in Anm. 15 und: *E. Nizsalovszky*, Order of the Family, 1968; *R. v. Schweitzer/H. Pross*, Die Familienhaushalte im wirtschaftlichen und sozialen Wandel, 1976.

Das abwehrrechtliche status negativus-Denken scheint *Schelskys* eher privatives Bild von Familie und Familienpolitik besonders und zunächst zu prägen. Die anderen Grundrechtsdimensionen der *einen* Familie i. S. der Verfassung werden als „Ansprüche der Gesamtheit" ihr gegenüber gestellt. Übersehen ist wohl, daß Familienpolitik negativ und positiv auch immer Bevölkerungspolitik ist. *Schelsky* selbst betrachtet das zunächst getrennt Gedachte dann doch zusammen, wenn er von der Aufgabe der „staatlichen Förderung des Familiengedankens" spricht, eine optimale Zusammenwirkung der genannten berechtigten Ansprüche zu erreichen. Im übrigen lebt jede Familie mit ihrer Vorfamilie und im Kontext des Volkes in einem Generationenzusammenhang, im Kontext von Arbeit und Beruf, von Wirtschaft und Kultur, so daß die auf diese Sachgebiete bezüglichen „Politiken" in sich zusammenhängen. Auch hat diese „Bevölkerungspolitik" ebenso *familienpolitischen* Charakter wie die „Abschirmung der Familie" oder „familiengerechte Wohnungspolitik". Im Grund kann nur eine ganzheitliche Interpretation des Familienartikels im Kontext der anderen Verfassungsprinzipien bzw. der auf sie bezogenen Politiken, dem Schutz und Förderungsauftrag nach Art. 6 GG gerecht werden.

c) Theologische Äußerungen zu Familienpolitik

aa) In der *katholischen Soziallehre*[146] findet sich die Familie und die Familienpolitik an zentralen Stellen und zwar sehr vielfältig. Schon „*Rerum novarum*" (1891) sagt (aaO, S. 37): „Die Familie, die häusliche Gesellschaft ist eine wahre Gesellschaft mit allen Rechten derselben, so klein immerhin diese Gesellschaft sich darstellt; sie ist älter als jegliches andere Gemeinwesen, und deshalb besitzt sie unabhängig vom Staate ihre innewohnenden Rechte und Pflichten." Hier wird bei aller Vorordnung der Familie gegenüber dem Staat im Grunde doch wieder das erwähnte *Familie/Staat-Analogon* erkennbar! In der *Pfingstbotschaft* 1941 ist auf „Rerum novarum" verwiesen (aaO, S. 161 f.), wird der „Familienvater" herausgehoben und hinzugefügt: „In der Familie findet das Volk die naturgegebene, fruchtbare Wurzel für seine Größe und Macht. Hat das Privateigentum dem Wohl der Familie zu dienen,

---

146 Im folgenden zit. nach Texte zur katholischen Soziallehre, 5. Aufl. 1982. – Papst *Johannes Paul II.* hat in seinem Familienschreiben von 1980 („Familiaris consortio") den Begriff „verantwortliche Elternschaft" betont und bei aller „Familienplanung" die künstliche Geburtenregelung verurteilt, ein Votum, das jüngst angesichts der Weltbevölkerungskonferenz in Mexiko (1984) Gewicht erlangt (dazu jetzt etwa FAZ vom 10. 8. 1984, S. 3).

so müssen alle öffentlichen ... Maßnahmen seine ... Funktion für die Familie ... immer weiter vervollkommnen." *„Mater et magistra" Johannes XXIII.* (1961) bekennt sich zu den „drei Grundwerten des Gemeinschafts- und Wirtschaftslebens", nämlich die „Nutzung der Erdengüter, die Arbeit und die Familie" (aaO, S. 211), um zum Bevölkerungsproblem zu erklären: „Die Weitergabe des menschlichen Lebens ist das Vorrecht der Familie" (aaO, S. 252). *„Pacem in terris" Johannes XXIII.* (1963) formuliert das Keimzellen-Bild (aaO, S. 275): „Die Familie, die auf der Ehe ruht, die selbstverständlich frei geschlossen, eins und unauflöslich ist, muß als die erste und natürliche Keimzelle der menschlichen Gesellschaft angesehen werden." Einen „politischen" Aspekt bringt *„Gaudium et spes",* die Pastoralkonstitution des 2. Vaticanums (1965) schon in der Kapitelüberschrift „Förderung der Würde der Ehe und Familie" zum Ausdruck[147], und eine neue Dimension wird erschlossen in den Worten: „Die Familie ist eine Art Schule reich entfalteter Humanität ... So ist die Familie, in der verschiedene Generationen zusammenleben und sich gegenseitig helfen ... das Fundament der Gesellschaft. Deshalb müssen alle, die einen Einfluß auf Gemeinden und gesellschaftliche Gruppen haben, zur Förderung von Ehe und Familie wirksam beitragen". Die Erziehungsfunktion kommt unter der Überschrift „Die Erziehung zur menschlichen Gesamtkultur" in den Worten zum Ausdruck (aaO, S. 381): „Insbesondere in der Familie, sozusagen der Mutter und Hüterin dieser Erziehung, lernen die Kinder, von Liebe umhegt, leichter die wahre Ordnung der Wirklichkeit; die erprobten Formen der menschlichen Kultur prägen sich gleichsam von selbst dem Geist der heranwachsenden Jugend ein." Gerade diese Textstelle verbindet Familie und Familienerziehung in fast klassischer Weise *kulturwissen*schaftlich mit dem Gemeinwesen!

„Populorum progressio" Pauls VI. (1967) apostrophiert die Familie als „erste Heimstätte des Menschen" (aaO, S. 449), und der Text *„De justitia in mundo"* der römischen *Bischofssynode* 1971 hebt die Familie mit den Worten heraus (aaO, S. 540): „An erster Stelle leistet die Familie diese Erziehung zur Gerechtigkeit". *„Laborem exercens" Joh. Paul II.* (1981) schließlich formuliert einen Abschnitt „Arbeit und Gemeinschaft in Familie und Nation", in dem vom „familienhaften Charakter des menschlichen Lebens" (aaO, S. 582 f.) die Rede ist, auch von der Familie als „einer der wichtigsten Bezugspunkte für die sozialethische Ordnung der menschlichen Arbeit", von der Familie als der „ersten häuslichen Schule der Arbeit". Der klassische Topos der „Menschheitsfamilie" kommt in dem Passus zum Ausdruck, die Arbeit trage dazu bei, das „Erbgut der ganzen Menschheitsfamilie, aller auf Erden leben-

---

147 AaO., S. 365 ff.

den Menschen zu wahren". Sehr konkret „familienpolitisch" wird die Enzyklika in ihrer Forderung nach „gerechter Entlohnung für die Arbeit eines Erwachsenen, der Verantwortung für eine Familie trägt" („familiengerechte Bezahlung" oder „Familienbeihilfen" für die Mutter).

Im *ganzen* finden sich hier Stichworte zum Verständnis von Familie, Familienpolitik, die kaum reichhaltiger sein könnten und die auch im weltanschaulich-konfessionell „neutralen" Verfassungsstaat „Materialien" für eine Erarbeitung des *kulturellen* Stellenwerts von Familie in ihrer Verknüpfung mit der Person, mit anderen menschlichen Gemeinschaften, mit Arbeit und Eigentum, mit der Generationenperspektive und mit Erziehungsaufgaben und Wirtschaftszusammenhängen vermitteln. Nähe und Distanz zu so manchem staatstheoretischen Klassikertext der schon erwähnten Art sind unschwer erkennbar. Die Aussagen sind auch so konkret, daß sich familienpolitische Handreichungen abzeichnen.

bb) Auf *protestantischer Seite* können hier nur einige Äußerungen wiedergegeben werden; sie finden sich in dem Band „Familienrechtsreform, Dokumente und Abhandlungen" (1955), hrsg. von *H. Dombois* und *F. K. Schumann*. In der Stellungnahme der Eherechtskommission der evangelischen Kirche in Deutschland zu dem Entwurf eines Familienrechtsgesetzes (1952) (aaO, S. 17 [21]) wird das Letztentscheidungsrecht des Vaters u. a. mit dem Satz legitimiert: „Die Familie ist die Geburtsstätte der Autorität und damit der Freiheit." Auch wird festgehalten (aaO, S. 24 f.), „daß Ehe und Familie in einer Wechselbeziehung stehen, in der die Ehe auf die Familie zielt und aus der Familie wiederum die Ehe hervorgeht. Die Vorstellung einer von der Familienkontinuität grundsätzlich und praktisch losgelösten, sich im subjektiven Verhältnis der Ehegatten erschöpfenden Ehe widerspricht dem und ist abzulehnen".

In der Entschließung der *Synode der Evangelischen Kirche* in Deutschland zu Fragen der Ehe und Familie vom 19. 3. 1954 heißt es unter I (aaO, S. 57 f.): „Der Staat hat darum die Pflicht, sowohl das einzigartige und unveränderliche Gefüge der Familie, als auch die Freiheit ihrer geschichtlichen Entwicklung zu schützen. Er hat dabei angesichts unserer heutigen Lage auf die Zuordnung von Familie und Volk besonders zu achten."

Die Stellungnahme der *kirchlichen Ostkonferenz* zu dem Entwurf eines Familiengesetzbuches der Deutschen Demokratischen Republik vom 1. September 1954 (aaO, S. 67 ff.) erklärt lapidar: „Politische Begriffe wie ‚Demokratie', ‚Sozialismus', ‚Patriotismus', ‚Völkerfreundschaft' gehören nicht in ein ‚Familiengesetz'". Damit hat sich die Ostkirchenkonferenz Front gemacht gegen eine Politisierung und Ideologisierung der Familie und sich mittelbar zu einem verfassungsstaatlichen Verständnis von Familie bekannt.

d) Familienberichte von Regierungen

Eigene Betrachtung verdienen „Familienberichte" von Regierungen. Denn sie entstehen aus einer Zusammenarbeit von Politik und Wissenschaft. Sie sind keine bloßen „Regierungsprogramme"; sie bleiben aber auch nicht in der „Unverbindlichkeit" wissenschaftlicher Arbeit, hinter der ja keine „amtsmäßige" Autorität steht. Die Familienberichte der deutschen Bundesregierung finden in der familien*rechts*wissenschaftlichen Diskussion viel Aufmerksamkeit[148]. Im folgenden seien einige ihrer Aspekte nachgewiesen, soweit sie für eine verfassungsstaatliche Einordnung der Familie „Materialien" bilden[149].

aa) Im *Ersten Familienbericht* der Bundesregierung (BT Drs. V/2532 vom 25. 1. 1968) kommt der Begriff „Familienpolitik" dem Wort und der Sache nach vor. Die Rede ist von einer „Orientierungshilfe für die Fortentwicklung einer zeitnahen Familienpolitik" (S. 7) oder von der „familienpolitischen Bedeutung der staatlichen Sparförderung" (S. 159 ff.). Wie sehr sich dieser Regierungsbericht an die Legislative als ein *Gemeinschaftswerk* von Wissenschaft und Politik versteht, zeigt sich z. B. in der Tatsache, daß gleich eingangs (S. 7) gesagt wird: Nach der modernen sozialwissenschaftlichen Forschung habe sich die Familie als eine „Grundeinrichtung der menschlichen Gesellschaft „erwiesen", „genauso alt wie die menschlich-gesellschaftliche Gesittung selbst (*René König*)"[150].

bb) Der *Zweite Familienbericht* der Bundesregierung (BT Drs. 7/3502 vom 15. 4. 1975) setzt in mehrfacher Hinsicht neue Akzente: Zum einen werden

---

148 Vgl. z. B. *D. Pirson*, Bonner Kommentar (Zweitbearbeitung), Art. 6 Rd. Nr. 29 Fußnote 44; AK-GG-*Richter*, Art. 6 Rz. 10 a, 12, 13 a; *H. Lecheler*, FamRZ 1979, S. 1 (5); *D. Giesen*, JZ 1982, S. 817 (822).

149 Einen Berichtsauftrag erteilte der Bundestag einstimmig und erstmals am 23. Juni 1965 an die Bundesregierung: sie soll in regelmäßigen Zeitabständen über die Lage der Familie in der Bundesrepublik berichten (vgl. Stellungnahme der Bundesregierung zum Bericht der Sachverständigenkommission für den Dritten Familienbericht vom 20. 8. 1979, BT Drs. 8/3120, S. 3). Daraus darf sowohl die Dringlichkeit und Wichtigkeit von Familienpolitik gefolgert werden als auch die Überzeugung, daß hier ein besonders dynamischer entwicklungsfähiger Gegenstand gemeint ist. Bundestag und Regierung arbeiten hier offenbar aus einer Art Verantwortung zur gesamten Hand.

150 Wie ein großes Resumé nimmt sich der Satz aus (S. 7): „Unter den wechselnden Umständen erfüllt die Familie eine Reihe von elementaren Aufgaben, sowohl für die personale Entfaltung des einzelnen, wie für das Weiterbestehen von Gesellschaft und Kultur, die von keinem anderen sozialen Gebilde auch nur annähernd so gut erbracht werden können".

ausdrücklich und breit die „Grundzüge der Familienpolitik der Bundesregierung" umrissen (S. VI - XIII), s. auch den Abschnitt „Politik für benachteiligte Familien" (S. XXIII - XXVI), zum anderen wird die „Politik für die Familie" mit besonderem Nachdruck auf das „Grundgesetz" zurückgeführt[151].

cc) In den „familienpolitischen Grundsätzen der Bundesregierung" (BT Drs. 8/3121 vom 20. 8. 1979) („*Dritter Familienbericht*") fällt die umfassende Konzeption auf. Unter der Überschrift „Stellenwert der Familie in der Politik" springen vier Positionen ins Auge (aaO, S. 4):

1. Die Bundesregierung fördere die Familie mit dem Ziel, der Familie als ganzes sowie den Kindern, Jugendlichen und Erwachsenen die bestmögliche Entfaltung zu geben – damit ist die Perspektive der Grundrechts*entfaltung* akzentuiert;

2. die Familie nehme grundlegende Aufgaben im mitmenschlichen Zusammenleben wahr, sie könne darin nicht ersetzt werden, viele Aufgaben hätten sich im Laufe der Zeit gewandelt, die Familie sei nach wie vor von zentraler Bedeutung für die Gesellschaft – damit ist die Familie als *mitmenschliche Lebensform* und von *ihren wandelbaren Aufgaben* her gesehen;

3. die Kinder würden durch die Familie in Sprache, Denkweisen und Werte unserer Kultur eingeführt, durch die Zuwendung der Eltern gewönnen die

---

151 „Ihre (sc. der Bundesregierung) Politik für die Familie beruht auf den Wertentscheidungen des Grundgesetzes zu Ehe, Familie und Persönlichkeitsentfaltung und auf der unveränderten Bejahung der Familie durch die Gesellschaft" (S. VI). „. . . muß sich die Familienpolitik in erster Linie an Art. 6 GG orientieren. Ihre Grundsätze müssen aber auch von anderen Wertentscheidungen des Grundgesetzes beeinflußt werden, insbesondere von dem Recht auf Freiheit und freie Entfaltung der Persönlichkeit, dem Anspruch auf Wahrung und Würde des Menschen und dem Gebot der Gleichberechtigung von Männern und Frauen. Auch Kinder sind Träger von Grundrechten. Die Anerkennung des Elternrechts . . . findet ihre Rechtfertigung darin, daß das Kind des Schutzes und der Hilfe bedarf, um seine Grundrechte wahrzunehmen und sich zu einer eigenverantwortlichen Persönlichkeit innerhalb der sozialen Gemeinschaft zu entwickeln, wie sie dem Menschenbild des Grundgesetzes entspricht . . . Familienpolitik muß aber darüberhinaus das Ziel verfolgen, schichtenspezifische Benachteiligungen abzubauen, gleiche Voraussetzungen und Gleichheit der Chancen zu sichern. Auch muß (S. VII) Familienpolitik dazu beitragen, daß Rechte und Freiheiten des Grundgesetzes von allen in Anspruch genommen werden können". Hier wird also einerseits das *Menschenbild* des GG als Erziehungsziel bemüht, andererseits ist die Chancengleichheit Leitziel von Familienpolitik. Schließlich werden „wissenschaftliche Erkenntnisse ausdrücklich als Grundlage familienpolitischer Entscheidungen" anerkannt (S. XI).

Kinder das für ihre persönliche Entwicklung und ihre Eingliederung in die Gesellschaft notwendige Vertrauen in ihre Umwelt – damit ist die *kulturelle Sozialisation* der Familie für die Kinder anerkannt;

4. der freiheitlichen Grundordnung der BR Deutschland entspreche eine Familienpolitik, die den Familien erleichtere, nach eigener Wertorientierung ohne staatliche Einengung insbesondere zu entscheiden über die Gestaltung der Beziehungen in der Familie, die Verteilung der Familienaufgaben auf die einzelnen Familienmitglieder, die Ziele und Methoden der Erziehung, die Anzahl der Kinder – damit ist eine *Konkordanz* zwischen *Familienpolitik* und *freiheitlicher Grundordnung* hergestellt, der privat-autonomen eigenen Wertorientierung und Kompetenz der Familie werden bestimmte Fragen überlassen und damit *Grenzen* für staatliche Familienpolitik umrissen[152].

Im übrigen fällt das Votum zu „Geburtenrückgang und Bevölkerungsprozeß" auf (S. 8 f.). Einerseits will die Bundesregierung eine kinderfreundliche Umwelt schaffen und die Lebensbedingungen für die Familie verbessern; die familienpolitischen Leistungen und Vorhaben würden „um des Wohls der Familie und ihrer einzelnen Mitglieder willen betrieben"; andererseits schließt das nicht aus, „daß von solchen Maßnahmen auch Wirkungen auf die Geburtenentwicklung ausgehen können". Damit ist m. E. das Tabu der Trennung von Familienpolitik und Bevölkerungspolitik mit Recht durchbrochen. Im übrigen ist die Verzahnung von „Familienpolitik und Bildungspolitik" klar gesehen (S. 9 ff.). Neu ist auch das Stichwort „familiengerechte Arbeitsorganisation" („auch im Interesse der Familie" sollen die Bedingungen der Arbeitswelt humaner werden, S. 14), betont ist die Aufgabe der „Dynamisierung des Kindergeldes im Rahmen des Familienlastenausgleichs". Ins Blickfeld kommt als weiterer Politikbereich die Wohnungspolitik (S. 16 f.: Förderung kinderreicher Familien im Rahmen des sozialen Wohnungsbaus)[153].

---

152 Von der *Verfassung* her ist damit ein familienpolitischer Konsensbereich umrissen. Der Bericht der Bundesregierung erscheint denkbar sachlich und „wissenschaftlich"! Mehrfach beruft sie sich auch ausdrücklich auf Ergebnisse der wissenschaftlichen Kommission (z. B. S. 7, 10).

153 Auf den Bericht der *Sachverständigenkommission* (aaO, S. 20 ff.) sei hier nur allgemein verwiesen. Sachlich ergiebige Stichworte sind „Die Familien sind keine einheitliche Gruppe", „Wechselwirkung von Arbeitswelt und Familie". Herausragend ist die umfassende *grundgesetzliche* Einordnung der Familienpolitik, ihre Integration mit „allen" Politikbereichen und die erklärte These, die Familienpolitik sei auch auf „bevölkerungspolitische Zielvorstellungen" mit zu verpflichten. Das GG wird z. B. zitiert mit dem Hinweis: Dieser Schutz durch das GG könne „nicht nur der eines väterlichen Nachtwächters" sein, denn zu sehr wirke jede Politik „gewollt oder unge-

Überblickt man die „Materialien" aller Geltungsebenen vom Parteiprogramm über Klassikertexte zu wissenschaftlichen und sozialethischen Erkenntnissen, so zeigt sich, wie intensiv das „Gespräch", auch das Ringen um Familienpolitik als zentralen Lebensbereich des Verfassungsstaates ist. Teils pflanzen sich Stichworte (z. T. mitunter durch die Jahrhunderte) in allen „Medien" von Familienpolitik fort, teils bestehen Dissens und Konvergenz, Konfrontation und Integration. Kulturelle Rezeptionsvorgänge zwischen allen „Lagern" und Ebenen sind ebenso nachweisbar wie ein Vergessen oder Ignorieren alter Einsichten und ihre Renaissance. Nimmt man die Entwicklung der verfassungsstaatlichen Texte und die Klassikertexte zur Familie hinzu, so zeigt sich ein spannungsreiches Bild in Sachen Familie. Der Verfassungsstaat ist in seinem Bild von Familie und in seiner Entwicklung von Familienpolitik letztlich und tief kulturell begründet wie bei kaum einem anderen Thema: auch in seinem Wandel!

2. Verfassungsstaatliche Begründung und Begrenzung von Familienpolitik am Beispiel des Grundgesetzes

Verfassungsstaatliche Familienpolitik ist Politik „in Sachen Familie". Sie ist eine Form spezieller „Grundrechtspolitik"[154] und Verfassungspolitik. Diese

---

wollt auch in die Familie hinein". Die Familie bedürfe „folglich größerer Berücksichtigung in allen Politikbereichen, da sie eine fundamentale Bedeutung sowohl für den einzelnen als auch für die Gesellschaft als Ganzes" habe (S. 25); die Entscheidung eines Paares, Kinder zu haben, sei ein „Grundrecht und ein Grundwert menschlicher Existenz". Familienpolitik trage dafür die Verantwortung, daß Familien Lebenslagen haben, die es ihnen in angemessener Weise ermöglichen, ihre Kinderwünsche zu realisieren (S. 58). Schließlich wird der *Zusammenhang* von Familien- und *Bevölkerungs*politik (S. 60) in dem Stichwort komprimiert: „Bevölkerungspolitische Enthaltsamkeit ist nicht zu vertreten". „Familienpolitik ist damit nicht Bevölkerungspolitik, sie hat sich aber bei einem Bekenntnis der Bundesregierung zu einer Leitvorstellung für die Bevölkerungspolitik auch an diesem Zielkonzept messen zu lassen" (S. 73). „Das Maßnahmebündel" (S. 74) ist m. E. im Grund *sowohl* Familienpolitik als auch Bevölkerungspolitik bzw. eine *auch* bevölkerungsorientierte Familienpolitik!

154 Der Begriff „Grundrechtspolitik" hat sich seit VVDStRL 30 (1972), S. 43 (75) eingebürgert. – Neuere Verfassungsurkunden bzw. -entwürfe benutzen zunehmend den Begriff der „Politik" im Zusammenhang mit einem Einzelgrundrecht: z. B. der VE Schweiz für das Eigentum: „Eigentumspolitik" (Art. 30), der eine Balance mit und praktische Konkordanz zu anderen Verfassungsdirektiven wie Umweltschutz, Kul-

Familienpolitik hat ihre erste Grundlage in Art. 6 GG. Er wird durch verschiedene Staatsfunktionen familienpolitisch[155] effektiviert. An vorderer Stelle wird Familienpolitik als Grundrechtspolitik von der Legislative umgesetzt, aber auch von Regierung und Verwaltung, ja selbst von der Rechtsprechung, soweit sie, wie vor allem die „Verfassungsrechtsprechung", auch „politisch" ist. So ist der Ausbau der Judikatur zu Art. 6 GG seitens des BVerfG ohne Frage ein Stück „Familienpolitik", das Grundsatzurteil in E 6, 55 (72 ff.) etwa in besonderem Maße. Die Art, wie hier Schutzdimensionen des Grundrechts durchaus schöpferisch erschlossen worden sind, ist verfassungsstaatliche „Familienpolitik" par excellence.

Familienpolitik kann jedoch nicht „für sich" gesehen und betrieben werden. So wie Art. 6 GG im Kontext der *ganzen* Verfassung steht, so ist auch verfassungsstaatliche Familienpolitik nicht nur von dieser Norm aus zu entwerfen; sie ist so komplex wie die Familie als Grundlagenartikel von Staat und Gesellschaft in komplexen Zusammenhängen steht. Andere Verfassungsbestimmungen, etwa das Sozial- und Kulturstaatsprinzip, werden für Familienpolitik ebenso relevant wie die sog. Staatsformbestimmung der Demokratie (Art. 20 Abs. 1 und 2 GG). Auf dem Forum der Verfassungslehre ist zu fragen, ob und wenn ja wie Familienpolitik mit anderen Staatsaufgaben wie Sozialpolitik, Kulturpolitik und Bevölkerungspolitik, ja selbst der Wirtschaftspolitik und den zugehörigen Rechtsmaterien im *Zusammenhang* steht[156]. Verknüpfungen der Familie als Verfassungsproblem mit anderen

---

turschutz etc. sucht und bemerkenswerter Weise flankiert ist: von einer Garantie im klassischen Grundrechtsteil (Art. 17, der zunächst das Eigentum „klassisch" garantiert (Absatz 1) und in Absatz 2 hinzufügt: „Die Gesetzgebung muß vor allem die Vorschriften enthalten, die zur Erreichung der eigentumspolitischen Ziele notwendig sind"). Solche Grundrechtspolitiken bringen zum Ausdruck, daß Grundrechte immer stärker Aufgabe spezieller „Politiken" sein müssen, damit sie praktisch und effektiv werden. Da „Eigentumspolitik" oder „Familienpolitik" sehr allgemein gehaltene Direktiven sind, erscheinen sie als Bereicherung des verfassungsstaatlichen Vokabulars sehr geeignet (zit. wie in Anm. 68).

155 Richtmaße für Familienpolitik sind zunächst den verschieden Absätzen des Art. 6 GG selbst zu entnehmen. Die „Umsetzung" des besonderen Schutzauftrags für Ehe und Familie (Abs. 1) ist ebenso „Familienpolitik" wie der jeder Mutter zukommende Schutz- und Fürsorgeauftrag aus Abs. 4. Entsprechendes gilt für den Verfassungsauftrag aus Abs. 5. Andere Richtmaße folgen aus manchen Prinzipien des GG im übrigen: so aus Abs. 1, 2, aus dem Sozialstaatsprinzip des Art. 20, 28 GG und für die Seite der kulturellen Entwicklungsbedingungen der Kinder der Kulturstaatsauftrag (dazu allgemein: mein Kulturverfassungsrecht im Bundesstaat, 1980).

156 Dementsprechend greift z. B. der Dritte Familienbericht der Bundesregierung vom 20. 8. 1979 (Drs. 8/3120) in die unterschiedlichsten Politikbereiche und ihre zugehörigen Rechtsgebiete aus: in die Bildungspolitik (S. 9 ff., 18 ff.), in die „Arbeitswelt"

Grundrechten als Art. 6 GG und kulturellen Lebenssachverhalten, etwa der Arbeit[157] sowie der Persönlichkeitsentwicklung, liegen auf der Hand.

Dieser umfassend kultur- und problemorientierte Ansatz sei hier nur angedeutet, die erwähnten „Materialien" zur Familienpolitik legen einen derartig breiten bzw. komplexen Ansatz nahe.

Wesentliche Aspekte sind:

(1.) Familienpolitik „unter" dem GG ist nicht nur von Art. 6 und Art. 3 Abs. 2 GG sondern von vornherein auch von Art. 20/28 GG, d. h. den Verfassungsprinzipien des sozialen Rechtsstaates, der Demokratie und vom Kulturstaat aus zu betreiben (der demokratische Generationenvertrag im Sozialrecht und die zeitliche Dimension der Verfassung als Vertrag, Überlieferung und Fortentwicklung von Kulturwerten im Kulturverfassungsrecht via Erziehungsziele („kulturelle Demokratie").

(2.) Sie betrifft den Verfassungsschutz der Familie als kulturelle Strukturnorm, als Grundlagenartikel von Staat und Gesellschaft mit unverzichtbaren sowohl personalen wie sozialen Funktionen für die Persönlichkeits-*entwicklung* und *-entfaltung* des Menschen und Bürgers (Art. 2 Abs. 1 GG, „Menschenbild"), aber auch der Erarbeitung von kulturellen und wirtschaftlichen „Ergebnissen" für das Ganze (Erziehungsaufgaben, kulturelle, wirtschaftliche, d. h. „soziale" Funktionen).

(3.) Verfassungsstaatliche Familienpolitik wirkt sich in allen drei Staatsfunktionen und in vielerlei Rechtsmaterien aus. Über Gesetzgebung „kristallisiert" sie sich insbesondere im Familienrecht (als Teil des bürgerlichen Rechts), aber auch im Arbeits- und Sozialrecht, Bildungs- und Ausbildungsrecht, im Wohnungsrecht, ja selbst in wirtschaftsrechtlichen Materien. So „unpolitisch" sich klassische Bereiche des Familienrechts oft gaben, so intensiv waren und sind familienpolitische Steuerungen, die von ihnen ausgehen und durchaus auch von der „einfachen" Rechtsprechung eines BGH vermittelt werden (dürfen). Die neueren Familienrechtsreformen lassen die familienpolitischen Zielsetzungen unschwer erkennen.

("familiengerechte Arbeitsorganisation", S. 14 ff.), in die Wohnungspolitik (S. 16 ff.), in die Ausländerpolitik (S. 11 f.), die ja auch ein Stück Wirtschaftspolitik ist. – S. auch BVerfGE 62, 323 (332): Nach der st. Rspr. des BVerfG verfolgt Art. 6 Abs. 1 GG auch das Ziel, den wirtschaftlichen Zusammenhalt der Familie zu fördern (vgl. BVerfGE 28, 104 (113); 40, 121 (132); 60, 68 (74)). Das gilt besonders auch im Bereich der Sozialversicherung (vgl. BVerfGE 48, 346 (366); 55, 114 (127); 60, 68 (74)). – Weiterführend im Blick auf die „verfassungsrechtliche Verpflichtung zur Familienpolitik": *H. Lecheler*, Familienpolitik und Verfassungsrecht, FamRZ 1980, S. 210 (211 ff.).
157 Dazu *P. Häberle*, Arbeit als Verfassungsproblem, JZ 1984, S. 345 ff.

(4.) Das Grundgesetz ist durch *Offenheit* für im einzelnen sehr unterschiedliche Arten von Familienpolitik gekennzeichnet[158]. Die Verfassung ist hier die viel zitierte „Rahmenordnung"[159], und die politischen Kräfte insbesondere die Parteien, aber auch Gruppen wie Elternverbände sollen um die möglichen Inhalte einer guten Familienpolitik miteinander ringen. Wie sehr hier Klassikertexte und Sozialethiken der Kirchen, aber auch viele Einzelwissenschaften und nicht zuletzt „Familienberichte" in Dissens und Konsens wegleitend sind, miteinander ringen und Formulierungshilfe leisten können und müssen, hat sich bei einer Analyse der familienpolitischen „Materialien" gezeigt. All diese „Materialien" haben innerhalb der familienpolitischen „Vorgaben" des GG viel Raum.

(5.) Aus der Einordnung von Familienpolitik in das Kraftfeld von Staatszielbestimmungen und vielfältigen Staatsaufgaben (Kompetenzen), von Grundrechten, insbesondere der Menschenwürde (Art. 1 Abs. 1 GG) und der Persönlichkeitsrechte, ergeben sich im Verfassungsstaat des GG aber auch die unverzichtbaren *Grenzen*. Bei aller Orientierung von „multifunktionaler" Familienpolitik auch an Bevölkerungspolitik, an Sozialpolitik (Aktualisierung des Generationenvertrages in der Sozialpolitik) sowie an der Kulturpolitik (Tradierung von Kulturwerten in die späteren Generationen und Integration von Ausländern): Der Mensch darf nicht via Familienpolitik instrumentalisiert werden: Das wäre ein Verstoß gegen die Menschenwürde (wie sie aus dem NS-Staat bekannt ist) und eine Mißachtung des „Menschenbildes" des GG.

(6.) *F. Naumanns* „Volkserhaltung ist Staatszweck, Kinderzuwachs ist Nationalkraft"[160] ist darum nicht „einfach" eine sozialethische und familienpolitische Parole des grundgesetzlichen Verfassungsstaates. Doch ist Familienpolitik jedenfalls *auch* ein Stück legitimer „Volks*erhaltung* als Staatszweck" und kultureller Generationenperspektive, sofern die *grundrechtliche* Fundie-

---

158 Insofern heißt es mit Recht im Zweiten Familienbericht (Drs. 7/3502 vom 15. 4. 1975, S. VII): „Das Grundgesetz ist offen für unterschiedliche familienpolitische Denkansätze und Zielvorstellungen . . .". – Von familienpolitischer Brisanz ist der Streit um die Ausländerpolitik d. h. die Behandlung von Ausländer*familien* in der BR Deutschland (Stichwort: Senkung oder Erhöhung des Nachzugsalters von Ausländerkindern etc., zuletzt FAZ vom 10. 8. 1984, S. 1). Auch hier muß die BR Deutschland grundrechtspolitisch glaubwürdig bleiben *und* zugleich an Interessen des eigenen Volkes denken.

159 Treffend Art. 34 Quinquies Abs. 1 Schweizer BV: „Der Bund berücksichtigt in der Ausübung der ihm zustehenden Befugnisse und im Rahmen der Verfassung die Bedürfnisse der Familie".

160 Zit. nach *F. Naumann*, Werke, 2. Bd., Schriften zur Verfassungspolitik, hrsg. von T. Schieder, 1964, S. 574.

rung und Strukturierung der Familie und die Freiheit der Persönlichkeit des Einzelnen (der Eltern wie „wachsend" der Kinder) gewahrt bleiben. Der Mißbrauch der „Familienpolitik" durch totalitäre Staaten von rechts und links[161] ist für den Verfassungsstaat *die* Warnung vor einer Ideologisierung der Familienpolitik primär als Bevölkerungspolitik. Werden die erwähnten Grenzen aus Menschenwürde und Persönlichkeitsrechten der Bürger (Eltern wie Kinder) eingehalten (Art. 1 Abs. 1, Art. 2 Abs. 1 und 2 GG), so besteht im Verfassungsstaat indes keine Gefahr. *Insofern* und *insoweit* sollte aber *auch* bevölkerungsorientierte Familienpolitik ganz i. S. des Dritten Familienberichts[162] enttabuisiert werden[163]. So ist der Weg frei, eine spezifisch verfassungsstaatliche „ganzheitliche", multifunktionale Familienpolitik rational zu begründen *und* zu begrenzen. Würde sie von der Verfassungstheorie wie bisher zu wenig bedacht, so brächte sie sich um eine wesentliche Dimension: um die Zukunft, die als „Zeitform" einzubeziehen eine Aufgabe des Verfassungsstaates ist[164].

---

161 Zur Familienpolitik der NS-Zeit mit Recht kritisch *G. Heinsohn/R. Knieper*, Theorie des Familienrechts, 1976, S. 99 ff.; *dies.*,ebd. S. 13 f. zum Familiengesetzbuch der DDR von 1965. – Zum Familienrecht der DDR kritisch *M. Coester*, Das Kindeswohl als Rechtsbegriff, 1983, S. 10 ff.

162 Vgl. den Bericht der Sachverständigenkommission des Dritten Familienberichts vom 20. 8. 1979 (BT Drs. 8/3120, S. 59 ff., 73 f.).

163 *D. Pirson*, Bonner Kommentar (Zweitbearbeitung), Art. 6 GG, Rd. Nr. 29 f. sieht in der „Erhaltung des personellen Bestands einer Gemeinschaft in vielfältiger Weise eine notwendige Bedingung für das fortdauernde Funktionieren der Institutionen. Die Sorge um eine ausreichende Geburtenrate ist darum eine Sorge um die soziale Sicherheit". Diese Seite der sozialen Relevanz der Familie („Regenerationsfunktion") baut er daher mit Recht in den Verfassungsschutz der Familie ein. Konsequent ist daher auch sein Votum für eine stärkere Förderung der Familien mit größerer Kinderzahl (ebd. RdNr. 32). – Vgl. auch die Forderung von *G. Mackenroth* (zit. nach *F. Oeter*, in: *ders.* (Hrsg.), Familie und Gesellschaft, 1966, S. 360), nach einer Konzeption von Sozialpolitik, die „anstelle einer Klasse heute der Familie gelten muß"; denn „die Lasten für das Aufbringen der jungen Generation, ohne die kein Volk und keine Kultur ihre Werte erhalten und tradieren kann, müssen gerecht verteilt werden, so daß das Volk nicht durch eine falsche Verteilung dieser Lasten seinen Bestand gefährdet". *F. Oeter*, aaO, S. 370 schließt sich dem an mit dem Hinweis, nur so könne „das Erbe unserer Kultur in seiner ganzen Vielfalt und Fülle erhalten und künftigen Generationen übermittelt" werden.

164 Dazu mein Münchner Vortrag (1981) „Zeit und Verfassungskultur", aaO, (Anm. 110).

(7.) Familienpolitik ist im *Bundesstaat* des GG nicht nur Sache des Bundes[165] und in einer Zusammenschau der auch *materiell* verstandenen „immanent familienpolitischen" Bundeskompetenzen zu erschließen, sie ist auch Sache der *Länder*. Praktisches Beispiel ist das in Baden-Württemberg 1984 geplante „Landeserziehungsgeld"[166], und die einzelnen deutschen Länderverfassungen nach 1945 enthalten ganz gezielte familienpolitische Kompetenzen, „Direktiven und Aufträge"[167]. Unter den verschiedenen Ländern und zwischen Bund und Ländern mag es insofern zu erfreulicher Konkurrenz um die relativ „beste" Familienpolitik kommen, auch bleibt sogar Spielraum für familienpolitische „Experimente" i. S. bundesstaatlicher Vielfalt[168].

---

165 Vgl. Zweiter Familienbericht vom 15. 4. 1975 BT Drs. 7/3502, S. VII mit dem Hinweis auf „familienpolitische Zuständigkeiten" im Bereich des bürgerlichen Rechts, dem Personenstandswesen, der öffentlichen Fürsorge, der Sozialversicherung, einschließlich der Arbeitslosenversicherung, der Regelung der Ausbildungsbeihilfen, der Förderung des wissenschaftlichen Nachwuchses, Wohnungswesen, Siedlungs- und Heimstättenwesen. – Die bundesstaatliche Kompetenzaufteilung auf Gesetzgebungs- und Verwaltungsebene untersucht sorgfältig *H. Lecheler*, Familienpolitik und Verfassungsrecht, FamRZ 1980, S. 210 (210 f.).

166 Vgl. oben in Anm. 111. Ein phantasievolles familienpolitisches Beispiel ist jetzt die Initiative aus Rheinland-Pfalz, die Altenpflege in den Familien mit finanziellen Hilfen im Wege eines besonderen Leistungsgesetzes zu fördern (FAZ vom 22. 8. 1984, S. 4). Zuletzt die starke bayer. Familienförderung über Darlehen „Junge Familie" im Doppelhaushalt 1985/86.

167 Art. 125 Abs. 2 Verf. Bayern: „Die Reinhaltung, Gesundung und soziale Förderung der Familie ist gemeinsame Aufgabe des Staates und der Gemeinden". – Art. 54 Verf. Bremen: „Durch Gesetz sind Einrichtungen zum Schutz der Mütter und Kinder zu schaffen . . .". – Art. 30 Abs. 1 S. 1 Verf. Hessen: „Die Arbeitsbedingungen müssen so beschaffen sein, daß sie die Gesundheit, die Würde, das Familienleben . . . des Arbeitnehmers sichern . . .". – Art. 5 Abs. 2 Verf. N.-W.: „Die der Familie gewidmete Hausarbeit der Frau wird der Berufsarbeit gleichgeachtet". – Art. 24 Abs. 2 S. 1 ebd.: „Der Lohn muß der Leistung entsprechen und den angemessenen Lebensbedarf des Arbeitenden und seiner Familie decken". – Art. 24 S. 3 Verf. Rheinl.-Pfalz: „Reinheit und Gesundheit der Familie zu fördern und ihre soziale Sicherheit zu gewährleisten, ist Aufgabe des Staates und der Gemeinden". – Art. 23 Verf. Saar: „Die Mutterschaft hat Anspruch auf den Schutz und die Fürsorge des Staates".

168 Eine offene Frage ist, ob und wie der Verfassungsstaat als *kooperativer* Verfassungsstaat (*P. Häberle*, Verfassung als öffentlicher Prozeß, 1978, S. 407 ff.) im *internationalen* Felde familienpolitisch aktiv werden darf, ohne „schizophren" zu handeln. Spätestens die internationale Bevölkerungskonferenz in Mexiko-Stadt (August 1984) (dazu etwa FR vom 8. 8. 1984, S. 1: „Das Bevölkerungswachstum vor dem Jahre 2000 stoppen") sollte den Verfassungsjuristen dafür sensibilisieren. Als Teil von Menschenrechtspolitik und im Rahmen von Entwicklungspolitik bleibt der grundgesetz-

noch Fußnote 168.

liche Verfassungsstaat auch hier an seine Prinzipien von Menschenwürde und personaler Freiheit gebunden. Während er *inner*staatlich eine auch bevölkerungsorientierte Familienpolitik fördern darf, wird es ihm auch erlaubt sein, sich in Entwicklungsländern im Interesse einer Familienplanung zu engagieren, die das Bevölkerungswachstum armer Länder verlangsamt (Familienplanung als Bevölkerungsplanung). Die Achtung der Souveränität des Entwicklungslandes bleibt dabei ebenso Gebot wie der Respekt vor der *anderen* Kultur dieser Länder und ihrem anderen Familienverständnis. In Mexiko-Stadt bildete sich jetzt ein Grundkonsens über die Freiwilligkeit der Familienplanungsprogramme und die auf der Weltbevölkerungskonferenz in Bukarest (1974) „allgemein akzeptierten" Grundsätze der Wahrung der Grundfreiheiten (FAZ vom 11. 8. 1984, S. 1). Die „Erklärung von Mexiko" stellt die Bevölkerungs- und Familienplanungspolitik als integralen Bestandteil der sozialen und wirtschaftlichen Entwicklung heraus: „Lebenspualität nur durch Familienplanung" (FAZ vom 15. 8. 1984, S. 3). S. auch die jüngste familienpolitische Stellungnahme seitens der Kammer der EKD für kirchlichen Entwicklungsdienst: Weltbevölkerungswachstum als Herausforderung an die Kirchen, 1984.